GottesdienstPraxis
Serie A

Arbeitshilfen für die Gestaltung
der Gottesdienste im Kirchenjahr

Herausgegeben von Sigrun Welke-Holtmann

GottesdienstPraxis

VI. Perikopenreihe

Band 1:
1. Advent bis Sexagesimae

Penguin Random House Verlagsgruppe FSC® N001967

1. Auflage
Copyright © 2023 Gütersloher Verlagshaus, Gütersloh,
in der Penguin Random House Verlagsgruppe GmbH,
Neumarkter Str. 28, 81673 München

Umschlagentwurf: Finken & Bumiller, Stuttgart, unter Verwendung des Bildes »Warten« von Daniel Schär, © Daniel Schär, www.schaer-art.ch
Satz: Buch-Werkstatt GmbH, Bad Aibling
Druck und Einband: GGP Media GmbH, Pößneck
Printed in Germany
ISBN 978-3-579-07586-0
www.gtvh.de

Inhalt

1. Advent
Psalm

Dorothee Wüst

Erste Begegnung mit dem Text

Dieser Psalm gehört zum 1. Advent. Ohne Frage. Als Psalm in der Eingangsliturgie. So wie immer. In diesem merkwürdigen Wechselsprech, fremd und vertraut gleichermaßen. Wie jedes Jahr. Das brauche ich für meinen Advent, für meine Erwartung, meine Sehnsucht. So ist er mir vertraut. Als liturgisches Stück, das ich nicht hinterfrage. Als Predigtwort bleibt er mir zunächst fremd. Verschlossen. Muss sich neu erschließen.

Macht die Türen hoch und die Tore weit. Welche Türen und Tore auch immer. Nach einem an Nerven und Seele zerrenden und zehrenden November bin ich so begierig auf Weite, auf Höhe, auf Raum. Die Türen meiner Seele ächzen in den Angeln, die Tore meines Herzens knarren ungeübt und ungelenk. Noch bin ich im Totenmonat. Noch ist gar nichts in mir weit und hoch. Ich singe den Advent herbei. Bete ihn herbei. Auch mit diesem Psalm.

Der etwas in mir aufschließt, auch wenn er sich nicht unmittelbar erschließt. Kein Wunder. Zwischen ihm und mir sind unendlich viele Schichten und Geschichten. Es gibt viel zu verstehen. Aber noch mehr gibt es zu fühlen. Dieser Psalm ist Gefühl. Das Gefühl von Advent, von Ankunft, von Erwartung, von Geheimnis. Von etwas, das größer ist als ich. Ein Held, ein König, ein Gott. Der Kind wird. In einem Stall. Schwach und klein. Wie widersinnig. Wie verheißungsvoll. Wie herrlich. Wie adventlich.

Meine Angeln ächzen, geben langsam nach. Meine Tore knarren, gehen Stück für Stück auf. Erste Lichtstrahlen stehlen sich durch den Spalt. Langsam werde ich bereit. Für eine Ankunft. Im Licht. Im Leben. Langsam. In mir wachsen Predigtgedanken. Langsam.

Exegetische Skizze

Wo sich normalerweise durch die vertiefte Beschäftigung mit der Quelle neue Erkenntnisse und Sichtweisen ergeben, bleibe ich dieses Mal eher ratlos zurück. Offensichtlich lässt sich dieser Psalm nicht einkreisen und festlegen, hängt irgendwie zwischen Raum und Zeit alter Überlieferung. In all den Vermutungen und Behauptungen sehe ich homiletisch relevante Aspekte:

- Der Psalm atmet Liturgie. Er ist nicht Anrede an Gott oder Klage vor den Menschen, er ist poetisch geformtes und in Liturgie gegossenes Bekenntnis und dadurch mittelbar Gebet. Deshalb passt er auch ausgezeichnet in die Eingangsliturgie des Gottesdienstes, stellt aber für die Sprache der Verkündigung eine Herausforderung dar.
- Es lassen sich drei Teile ermitteln, die in einem inneren Zusammenhang stehen, aber unterschiedliche Akzente setzen und auf verschiedene »Sitze im Leben« hinweisen: Hymnus, Tugendkatalog, Einzugsliturgie. Der kurze Text hat einen roten Faden, ist aber nicht aus einem Guss. Er ist mit der Zeit gewachsen und darf deshalb auch in unsere Zeit hinein wachsen und interpretiert werden.
- Wo wir die Tore und Türen als Objekte hören, die von Menschen hochgezogen und geöffnet werden, stehen sie eigentlich als Subjekte. Die uralten Pforten sollen sich, die Tore ihre Häupter erheben. Wenn der siegreiche König einzieht, reagieren selbst Dinge. Und machen für Menschen den Weg frei.
- Der Psalm konstruiert den finalen Einzug eines Herrschers, der um seine Vorherrschaft kämpfen muss und ganz und gar siegreich nach Hause kehrt. Die Stadt ist nicht mehr verlassen, sondern der Ort, an dem Ehre, Friede, Sicherheit, Geborgenheit wohnen. Ein für alle Mal und immer wieder. Alle Jahre wieder. In Konkurrenz, komplementär, in (welcher) Beziehung zum Stall von Bethlehem?
- Der »König der Ehre« kommt zu Menschen, die sich verhalten. Mit Hirn und Herz und Händen. Wenn sich Tore und Türen erheben, erhebt sich unser Herz. Und das wird Folgen haben. Für unser Hirn und unsere Hände. Für uns, unser Leben, für andere, für die Welt.

Weg zur Predigt

Normalerweise sortiert der exegetische Befund meine Gedanken, setzt mich irgendwie aufs Gleis. Funktioniert dieses Mal aber nicht. Der »Sitz im Leben«, den dieser Text traditionell in unseren Gottesdiensten hat, hat längst alle exegetisch vermuteten »Sitze im Leben« rechts überholt. Der Psalm schreibt eine eigene Wirkungsgeschichte, kreiert einen eigenen Konnotations-, Assoziations- und Bilderraum. Wir öffnen Türen, haben Schwellenängste, knallen uns die Tür vor der Nase zu, haben Torschlusspanik, erleben Schlüsselmomente. Ganz zu schweigen von den Bildern des Chorals »Macht hoch die Tür, die Tor macht weit«, der zum 1. Advent gehört, auf seine Weise den 24. Psalm interpretiert.

Der Adventsklassiker, der neben dem »König der Ehre« den »Herrn der Herrlichkeit« kennt, kommt mir immer wieder in die Quere, an ihm bleibe ich hängen. Komme nicht von der Herrlichkeit los. Und frage mich, auf welchen Herrn wir eigentlich warten im Advent. Wo warte ich auf ihn? Wo kann ich ihm begegnen? Und wie wird er für mich herrlich? Als siegreicher Herrscher oder als schwaches Kind? Langsam begreife ich, dass der eine Herr verschieden herrlich ist, dass die verschiedenen Facetten seiner Herrlichkeit ganz unterschiedlich an meinem Leben und seinen Bedürfnissen andocken und dass letztlich jede Herrlichkeit kalt und hohl bleibt ohne Liebe. Sie ist die Haltung, in der sich der König der Ehre und das Kind im Stall treffen. Einem solchen Herrn kann ich meine Tür öffnen.

Predigtthema

»Macht hoch die Tür, die Tor macht weit, es kommt der Herr der Herrlichkeit.«

Vorschläge zur Liturgie

Psalm: Auch wenn Psalm 24 Predigtwort sein soll, möchte ich ihn nicht in der Eingangsliturgie missen. Reizvoll ist es aber, ihn chorisch mit verschiedenen Sprechern und Sprechgruppen von verschiedenen Stellen des Gottesdienstraumes aus zu »inszenieren«. Dieser Vorschlag mit drei Sprecher*innen gefällt mir gut:

1. Machet die Tore weit und die Türen in der Welt hoch,
dass der König der Ehre einziehe!
2. Wer ist der König der Ehre?
3. Es ist der Herr, stark und mächtig,
der Herr, mächtig im Streit.
1. Machet die Tore weit und die Türen in der Welt hoch,
dass der König der Ehre einziehe!
2. Wer ist der König der Ehre?
3. Es ist der Herr Zebaoth;
er ist der König der Ehre.

Manfred Benz: Wer ist der König? Variationen zu Psalm 24, aus: Doris Joachim-Storch (Hg.): Du, höre! Psalmen entdecken – singen, beten, predigen. Materialbuch 117 des Zentrums Verkündigung EKHN, Frankfurt 2012, 241

Eingangsgebet

Du kommst zu uns, Herr,
mitten hinein in das, was uns erfreut
und in das, was uns quält.
Du teilst unsere Angst und unsere Sehnsucht.
Dafür danken wir dir und bitten:
Lass uns offen werden für dich.
Lass uns deine Spuren entdecken in unserem Glück
und deine Nähe erfahren in allem,
was uns das Leben schwer macht.
Dir gehören der Anfang und das Ende.
Du warst und du bist und du kommst.
Dir sei Ehre in Ewigkeit.
Amen.

Aus: Kirchenagende. Kirchenbuch für die Evangelische Kirche der Pfalz Bd. I/1, Speyer 2006, 102 f.

Lesungen: Sach 9,9–10; Mt 21,1–11

Fürbittgebet

Gott, zu dir sprechen wir wie zu Vater und Mutter.
Lass uns werden, was wir unter der Führung deines Geistes werden können:

Menschen, bei denen das Vertrauen aller Dinge Anfang ist.

Menschen auf denen der Widerschein Christi liegt.

Öffne die Türen unserer verschlossenen Häuser, Konfessionen, Kirchen und Völker,

dass wir wahrhaft leben.

Öffne die Türen zum Frieden,

dass die Erde bewohnbar bleibt.

Öffne die Türen zur Freude,

dass es schön wird für uns und für dich.

Stille

Sigrid Lunde, aus: Der Gottesdienst. Liturgische Texte in gerechter Sprache, Bd. 1: Der Gottesdienst, hg. von Erhard Domay und Hanne Köhler, Gütersloh 1997, 445

Lieder: EG 1 Macht hoch die Tür; EG 10 Mit Ernst, o Menschenkinder; EG 11 Wie soll ich dich empfangen; EG 13 Tochter Zion; EG 17,1 Wir sagen euch an; EG 18 Seht, die gute Zeit ist nah; EG 428 Komm in unsre stolze Welt; Aus dem Liederbuch »Wo wir dich loben, wachsen neue Lieder plus«: 107 An dunklen, kalten Tagen; 116 Da wohnt ein Sehnen tief in uns

Vorschlag zur Predigt

Möglicher Anfang

In der Wohnung meiner Oma gab es das so genannte »Protzzimmer«. Ein Raum mit Kronleuchter und langer Tafel, mit einer reich geschnitzten Holzanrichte und einer Vitrine, in der das Kristall funkelte. Man saß auf Stühlen, die mit Samt bezogen waren, und an den Wänden hingen mehr oder weniger gelungene Ölgemälde. An den Festtagen des Jahres kam die Familie hier zusammen, geschniegelt und gebügelt, tafelte gediegen, benahm sich wohlerzogen. Den Rest des Jahres war die Tür verschlossen, blieb die Heizung aus, blieben die schweren Vorhänge zu. Es war eben ein »Protzzimmer«. Ein Ort zum Repräsentieren, nicht zum Wohlfühlen.

Wohlfühlen war in der Küche. Wo wir gemeinsam das Geschirr spülten und unsere Mütter schnatterten wie die Gans, die wir gerade gegessen hatten. Wo die Oma in einer Riesentasse Carokaffee den Hefekuchen stippte, bis die Bröckchen schwammen. Wo wir Kinder uns bekleckerten, Karten spielten und zusahen, wie unsere Väter die Krawatten lockerten. Die Tür zur Küche war immer offen, es war auch immer einer da. An die Küche erinnere ich mich gerne. An das »Protzzimmer« nicht. Es war herrlich, aber kalt und steif. Warm und geborgen fühlten wir uns in der Küche. Die noch nicht einmal eine Tür hatte. Und auch keine brauchte.

Nehmen wir einmal an, der Herr der Herrlichkeit hätte sich eingeladen. Bei meiner Oma. Wo wäre er wohl gelandet? Sicher nicht in der Küche. Er wäre ohne Umschweife im »Protzzimmer« gelandet, man hätte ihm ein Kristallglas in die Hand gedrückt und gepflegte Konversation gemacht. Weil man das so macht. Mit Herren der Herrlichkeit. Was sollen die auch in der Küche? Sie sind doch herrlich. Stellen etwas dar, wollen entsprechend behandelt sein, wollen hofiert werden. Wie es Königen, Fürsten, hochgestellten Persönlichkeiten gebührt. So einer in der Küche? Um Gottes willen.

»Macht hoch die Tür, die Tor macht weit, es kommt der Herr der Herrlichkeit.« Wo kommt er denn hin? Welche Türen öffnen sich, welche Tore sollen weit werden? Und was ist das für eine Herrlichkeit, der ich mich öffnen soll? Will mich da einer geschniegelt und gebügelt, wohlerzogen und angepasst? Finde ich mich vor in der Herrlichkeit von funkelndem Kristall, inszenierter Harmonie und schönem Schein, zu dem sich einmal im Jahr die Tür öffnet? Zu einem Advent von Protz und Prunk, während sich das wahre Leben in der Küche abspielt? Wo der Herr der Herrlichkeit nichts, aber auch gar nichts verloren hat? Weil sein Platz in der Herrlichkeit ist und nicht bei den Menschen? Herrje, was wäre das für ein Advent? Was wäre das für ein Herr? Meiner irgendwie nicht.

Zum weiteren Verlauf

»Macht hoch die Tür, die Tor macht weit, es kommt der Herr der Herrlichkeit.« Meine Gedanken schweifen durch die Welt biblischer Tradition auf der Suche nach Türen und Toren, nach Momenten von Herrlichkeit und Armseligkeit, von Glanz und Geborgenheit: Die Tür, die sich zum Haus und Herz eines Zöllners öffnet. Das Tor von Jerusalem, durch das ein Wanderprediger auf einem Esel seinem Tod entgegenreitet. Die Herzenstüren von Menschen auf einem Berg, denen in all ihrer Armut und Bedürftigkeit Seligkeit verheißen wird. Ein Stein, der nicht mehr vor einem Grab ist und damit die Tür zum Totenreich sprengt.

Ein Geist, dessen Schwung und Energie Türen aus den Angeln reißt. In Bälde eine Stalltür, die sich öffnet für arme Hirten. Die Bibel ist voll von Türen und Toren, in aller Kürze lassen sie sich anreißen, immer in Bezug zur Frage nach einem Herrn, der gar nicht herrlich sein will. Und es gerade deshalb ist.

»Macht hoch die Tür, die Tor macht weit, es kommt der Herr der Herrlichkeit.« Für diesen Adventssonntag gibt uns die Bibel mit dem 24. Psalm eine andere Bildsprache mit auf den Weg. Da geht es wirklich um einen Herrn, einen König, einen Machthaber. Siegreich im Feld, seinen Feinden haushoch überlegen. Er kommt zurück in die Stadt, bringt Frieden, Sicherheit, Wohlstand. Da hält es selbst Türen und Tore nicht. So ein Herr hebt alles aus den Angeln und bringt es gleichzeitig in Ordnung und zur Ruhe. Der da kommt in Herrlichkeit ist nicht einer von uns, er ist auf Abstand und garantiert gerade deshalb, was Menschen zum Leben brauchen. Er ist ein Beschützer, weil er es kann. Weil nur er es kann. Weil er die Macht hat. Das ist seine Herrlichkeit.

»Macht hoch die Tür, die Tor macht weit, es kommt der Herr der Herrlichkeit.« Es ist nicht nur eine einzige Facette von Herrlichkeit, die mein Herz braucht. Aber es ist ein Herr, der das alles in sich trägt und in mein Leben einträgt. Gott wird Mensch, wird einer von uns, punktet durch Nähe, geht mit mir als Freund und Bruder durchs Leben. Ihm öffne ich die Tür, wenn ich ungewaschen und ungebügelt bin. Weil ich weiß, dass er meine Hand hält, wenn niemand sonst meine Tränen sehen soll, der mich herrlich tröstet, ermutigt, stärkt. Gott bleibt aber auch Gott, der ganz andere, ganz woanders, punktet durch sein machtvolles Anderssein, geht mit mir als Gott durchs Leben, der meine Zeit in seinen Händen hält. Und das in Ewigkeit. Er klopft an meine Tür, wenn ich an Not und Tod verzweifle und mich inbrünstig danach sehne, dass es da noch einen gibt, der sorgt und beschützt und bewahrt. Auch herrlich.

Möglicher Schluss

»Macht hoch die Tür, die Tor macht weit, es kommt der Herr der Herrlichkeit.« Noch immer hänge ich am Bild vom »Protzzimmer« meiner Oma. Über der Anrichte hing übrigens ein Ölgemälde vom »Guten Hirten«. Und das lässt mich das »Protzzimmer« endgültig verlassen und den Weg in die Küche antreten. Siehe da, da sitzt er. Der Herr der Herrlichkeit. Jeder Herrlichkeit.

Er stippt mit meiner Oma Hefekuchen und erinnert sich mit ihr an ihren toten Mann. Mit einigen steht er in der Ecke und diskutiert über Tagespolitik, runzelt die Stirn über Stammtischparolen und findet so gar nichts Befremdliches an Fremden. Bei einer Nachbarin sieht er die blauen Flecken, die sie so kunstvoll überschminkt hat und steckt ihr eine Telefonnummer zu. Mit uns Kindern spielt er Verstecken und klatscht vor Freude in die Hände, als der Kleinste gewinnt.

Eigentlich kennt ihn keiner. Aber es ist so, als würde er schon immer dazu gehören. In diese Küche. Mitten in den Alltag. Mitten ins Leben. Wo es Advent werden soll. Wo wir doch so nötig ein bisschen Herrlichkeit brauchen. Von jeder Sorte. Oder doch nur von einer. Von der liebevollen. Denn letztlich ist es die Liebe, die Türen aus den Angeln hebt. Oder doch wenigstens einen Spaltbreit öffnet. Letztlich ist es die Liebe, die Tore sprengt. Oder doch wenigstens ein bisschen durchlässig macht. Und dann hat sie ihre Chance. Die Liebe. Dringt durch Spalten, Ritzen, Schlüssellöcher. Und lässt es Advent werden. Die Zeit herrlicher Erwartung. Auf meinen, unseren Herrn der Herrlichkeit. »Macht hoch die Tür, die Tor macht weit.« Amen.

Weitere Idee: Irgendwann hing in unserer Wohnung ein Plakat mit Türen aus aller Herren Länder und machte auf seine Weise darauf aufmerksam, wie verschieden die Welten, Wirklichkeiten, Kulturen, Lebensweisen, Funktionen von Menschen hinter Türen sind. Ein Gottesdienst, der »Türgeschichten« erzählt, passt auch gut auf die Schwelle zum Advent.

2. Advent
Offb 3,7-13

Mathis Burfien

Erste Begegnung mit dem Text

»So, dann woll'n wa ma seh'n, wat uns de Katze heute vor de Tür jelegt hat.« Kurt Krömer eröffnet seine von ihm moderierte Talkshow »Chez Krömer«. Zum Konzept gehört, dass die Talkshow mit einem prominenten Gast in einem Studio geführt wird, das einer Verhörzelle nachgebildet ist. In dem Raum mit Einwegspiegeln und hinter einem abgeranzten Amtsschreibtisch sitzt dieses Mal der Mode-Designer Harald Glööckler. Er ist stark geschminkt, goldene Fingernägel, pinke Lippen. Falten haben es schwer in seinem Gesicht. Er selbst ist die Marke, die er produziert. Sein Markenzeichen eine Krone. Die Figur Glööckler kann befremden. Und Kurt Krömer will das nutzen und provoziert. Zeigt peinliche Film-Ausschnitte. Er will's wissen: »Sie haben viel machen lassen: Fett absaugen, liften, Unterspritzungen, Botox ... Warum haben sie das gemacht? Ist das so was wie eine Maske?« Harald Glööckler: »Es gibt keine Sekunde in meiner Kindheit, in der ich nicht Angst haben musste ...« Und er fängt an, zu erzählen: von Missbrauchserfahrungen, von Terror durch einen gewalttätigen Vater, die Mutter vom Vater die Treppe runtergestoßen und tödlich verunglückt. Die Talkshow verliert ihre Maske in diesem Moment. »Waren diese ganzen traumatischen Erfahrungen die Geburtsstunde für die Figur Glööckler?« »Ja!« Er habe das Leben der Menschen und die Welt schöner machen wollen, sagt Glööckler: »Ich wollte eine neue Person werden.«

Offb 3,11: »Ich komme bald; halte, was du hast, dass niemand deine Krone nehme!«

Es muss etwas geben, das stärker ist als Menschenhand. Was hilft, durchzuhalten in einer Welt, die oftmals mehr Schatten kennt, als zwei Kerzen am Adventskranz erhellen können?

Exegetische Skizze

Die Offenbarung des Johannes ist ein gewaltiges Werk. Schillernd und geheimnisvoll auf der einen Seite, schwer zugänglich auf der anderen. Es nimmt die großen Umwälzungen in den Blick. Eine Blockbuster-Szenerie der Erschütterungen, die über die Erde kommen. Das ist in Zeiten mit vermeintlicher ökologischer, wirtschaftlicher und politischer Stabilität von geringem Interesse. Aber in einer Welt, die in Unordnung geraten ist, kann solch eine Ermutigungsschrift, die von Geduld und vom Durchhalten in Bedrängnis spricht, neu ins Herz fallen. Das letzte Buch der Bibel »beschreibt die Welt als einen Ort, der erschüttert wird vom Konflikt zweier unvereinbarer Typen von Macht.« (Walter Faerber, Visionen gegen die Monster, Neukirchen-Vluyn 2018, 7). Auf der einen Seite wirken die Mächte der Zerstörung: Krieg, Hungersnöte, Erdbeben, Seuchen, Despoten, Monster, prügelnde Väter, Sterne, die vom Himmel fallen, Missbrauch, Kreuz, Tod ... – all die Erfahrungen, die Menschen damals wie heute Angst machen. Das mächtigere Gegenstück dazu ist für Johannes, wie sich der Verfasser nennt (Offb 1,1–4.9), mit Jesus in die Welt getreten und präsentiert die neue Welt, die Gott heraufführt. Seine Auferstehung hat die Welt des Todes grundlegend erschüttert. Und so stehen ganz am Ende für Johannes nicht die furchtbaren Katastrophen, sondern die Vision vom neuen Jerusalem und einer neuen Schöpfung. »Nicht als Schreckensszenario [...], sondern als Ermutigung« (Walter Faerber, a. a. O., 12): Bleibt ihm in aller Bedrängnis treu. Habt Geduld und fürchtet euch nicht! Das ist der größere Kontext, der die Hintergrundfolie für das Verstehen dieses Textes bildet.

»Schreibe auf, was du siehst!« (Offb 1,19) Aufmerksam hört der Seher auf die Worte des Engels. Die Perikope für diesen zweiten Sonntag im Advent ist der sechste von sieben Briefen, die der Autor an Gemeinden in Kleinasien richtet. Philadelphia, geografisch in der heutigen Türkei liegend, galt als wohlhabende Handelsstadt und gehörte zur römischen Provinz Asia. Im Jahr 17 n. Chr. wurde sie bei einem Erdbeben schwer getroffen und im Anschluss neu aufgebaut. Über den Gründungsursprung der christlichen Gemeinde in Philadelphia ist nichts bekannt.

7 *Und dem Engel der Gemeinde in Philadelphia schreibe: Das sagt der Heilige, der Wahrhaftige, der da hat den Schlüssel Davids ...* Christus stellt sich selbst vor. Drei Aussagen zeigen, wer er ist. *Der Heilige* ist ein Gottesprädikat (vgl. Jes 6,3 u. a.), das Christus wie dem Vater als dem Gott

Israels zugesprochen wird. ὁ ἀληθινός bietet schillernde Übersetzungsmöglichkeiten: wahrhaft, echt, zuverlässig, vertrauenswürdig? Es ist derjenige, »dem man ganz vertrauen kann« (Gerhard Maier, Die Offenbarung des Johannes, in: HTA, Witten 2009, 219). Der *Schlüssel Davids* greift ein Bild aus dem Buch des Propheten Jesaja auf (Jes 22,22). Hier wird die Schlüsselgewalt Christus in die Hände gelegt: Wo Christus den Zugang zum Vater öffnet, wird keine Macht diese Tür je verschließen können. (Vgl. dazu Martin Karrer, Johannesoffenbarung, in: EKK Bd. XXIV/1, Ostfildern u. Göttingen 2017, 352). Gemeint ist sinnbildlich der Schlüssel für das verheißene himmlische Jerusalem. Für den Ort und die Zeit, wenn alles gut sein wird. Christus ist (schon jetzt) derjenige, von dem ich alles erwarten darf und der den Fuß in die Tür stellt, wenn jemand sie würde zuschlagen wollen.

8 *Ich kenne deine Werke. Ich habe vor dir eine Tür aufgetan, die niemand zuschließen kann* ... Der Vers begründet das Lob für die Gemeinde in Philadelphia mit ihrer großen Standhaftigkeit. Von den sieben Schreiben in der Offenbarung ist Philadelphia eine von zwei Gemeinden (mit Smyrna), deren Verhalten positiv bewertet wird. Ignatius von Antiochien berichtet um 115 n. Chr. in einem Brief von der Glaubenstreue dieser Gemeinde. Berichte von Märtyrern aus Philadelphia bestätigen das. In einer Zeit geprägt von Christenverfolgungen machte diese Haltung Mut. Es beschreibt die Stärke durchzuhalten – nicht zuletzt getragen von der Hoffnung, dass es etwas Größeres gibt als den Tod. In dem Film »Von Menschen und Göttern« (Xavier Beauvois, Frankreich 2010) wird die Geschichte von sieben Mönchen aus einem kleinen Trappistenkloster im algerischen Atlasgebirge erzählt. Als dem Abt eine bewaffnete Entführung droht, steht ihm ein Gewalttäter gegenüber. Hält ihm eine Pistole an den Kopf: »Tod oder Leben? Du hast keine Wahl!«, sagt er. »Doch!«, antwortet der Abt. Seine Freiheit, gegründet in seinem Glauben, ist stärker. Wir haben in Christus jemanden auf unserer Seite, dessen Liebe zu uns größer ist als der Tod. Das trug die Menschen der ersten nachchristlichen Jahrhunderte, die zu Zehntausenden von römischen Soldaten in die Arenen geschleppt wurden. Im Jahr 1390 n. Chr. unterlag Philadelphia als letzte Stadt Kleinasiens dem osmanischen Reich. Der Hinweis in V.8 μικρά δύναμις (kleine Kraft) ist hier nicht im Sinne von schwach zu verstehen, sondern ganz im Gegenteil. Die wenigsten Kommentare haben das im Blick. Denn der Begriff wird vor allem als göttliches Attribut gebraucht (vgl. Offb 4,11; 5,12 u. w.).

(Vgl. Martin Karrer, a.a.O., 352) Du hast eine Kraft. Eine Strahlkraft. Das ist sehr viel. Die Übersetzung ist deswegen für unseren Sprachgebrauch leicht missverständlich.

9 *Siehe ich werde einige schicken aus der Versammlung des Satans* ... Einige Übersetzungen verwenden hier noch den Begriff »Synagoge des Satans«. Der Begriff ist unbedingt zu vermeiden. Im heutigen Sprachgebrauch bildet »Synagoge« ein Synonym für das allgemeine Judentum. Eine Fehldeutung mit antijudaistischer Wirkungsgeschichte. In der Zeit der Verfassung dieses Textes (mehrheitlich: 90er Jahre des 1. Jahrhunderts) überwiegt das allgemeine Verständnis einer Versammlung. (Vgl. Martin Karrer, a.a.O., 304f.) Die Polemik des Verfassers richtet sich hier vermutlich gegen (unbeschnittene?) Personen, die sich um Anschluss an die jüdische Gemeinde bemühten, aber nicht aus den zwölf Stämmen stammten, die dem Verfasser wichtig sind (Offb 7,4–8). Im Wesentlichen zeigt dieser Vers die »Vielschichtigkeit religiösen Lebens« und die konkurrierende Situation auch für die frühchristliche Gemeinde in Auseinandersetzung nicht nur mit den Kulten des römischen Reiches, sondern auch mit der Attraktivität des jüdischen Monotheismus. (Vgl. Martin Karrer, a.a.O. 305)

10 *Weil du mein Wort von der Geduld bewahrt hast, will auch ich dich bewahren* ... In einer Art Entsprechungsverhältnis spricht auch Christus der Gemeinde seine Treue in der endzeitlichen Stunde der Versuchung zu (vgl. Offb 12,12 u.a.). In Zeiten der Christenverfolgung war dieser Zuspruch unmittelbar verständlich. Das gab Hoffnung in krisenhaften Zeiten und machte Mut, sich von dem Furchtbaren dieser Welt nicht überwinden zu lassen. Auf welches hermeneutische Verständnis fällt der Zuspruch in unserer Zeit?

11 *Ich komme bald; halte, was du hast, dass niemand deine Krone nehme!* Der Vers bildet den Abschluss des prophetischen Teils der V.9–11. Er ist wie der größere Zusammenhang der ganzen Schrift als Stärkung gegen die Resignation geschrieben. Eine Form von Antidepressivum für Menschen, denen die Probleme zu groß erscheinen. *Ich komme bald.* Das ist keine Bedrohung. In der Aussage liegt stattdessen eine große Zärtlichkeit. Die Zeitansage ταχύ (bald) »bemisst sich nach Gottes Uhr, nicht nach der Uhr des Menschen.« (Gerhard Maier, a.a.O., 226)

Halte, was du hast. Das genügt. Was du hast, ist genug. Das halte fest, wenn das Leben unter die Räder gekommen ist. Die Krone trägst du schon. »Hinfallen. Aufstehen. Krone richten.« – lautet ein beliebtes

Postkartenmotiv. Wenn man so will: eine Form zeitgenössischer Deutungsmöglichkeiten. Der griechische Text spricht hier vom Siegeskranz (vgl. auch Offb 2,10), der in der Stadt Philadelphia, die bekannt war für die Spiele und Feste, unmittelbar als Krönungszeichen verständlich war.

12 *Wer überwindet, den will ich machen zum Pfeiler in dem Tempel meines Gottes ...* Der sogenannte »Überwinderspruch« bildet die letzte Verheißung des Sehers in diesem Sendschreiben. Johannes will den Zuspruch und den Trost großmachen. Im metaphorischen Sinn meint das Bild des Tempels hier »den Ort der vollendeten Gemeinschaft mit Gott«. (Walter Klaiber, Die Offenbarung des Johannes, Göttingen 2019, 88) Dort dürfen sich die Angesprochenen als tragende Pfeiler verstehen. Und wie die Schmucksäulen der großen Tempel werden sie in der neuen Schöpfung Gottes Namen tragen: 1. den Namen Gottes; 2. den Namen des neuen Jerusalems; 3. den neuen Namen Christi. Die Namen kennzeichnen die unverbrüchliche Zugehörigkeit.

13 *Wer Ohren hat, der höre ...* Im biblischen Sprachgebrauch ist das Ohr mehr als ein Körperorgan. Es ist auch Sitz der Einsicht. Ich muss auch verstehen, was da an mein Ohr dringt. Die Ohrmuscheln des Menschen sind ähnlich individuell wie Fingerabdrücke. Keine gleicht der anderen. Immer aber zeigt das Relief der Ohrmuschel verschlungene Wege, die in das Innere des Menschen führen. Die Botschaft macht sich auf den Weg, manchmal verschlungen.

Weg zur Predigt

»Im eisigen Ostwind habe ich heute über Zärtlichkeit nachgedacht. Die kalten Nachrichten brauchen Antwort.« (Heinz Kattner) Ich verkrieche mich in der Kapuze. Je stärker der Wind, desto fester ziehe ich den Mantel zu. Die Kälte schneidet ins Gesicht. Pfeift um die Nase. Böig. Mächtig. Angreifend. Kalt ist die Zeit geworden. Die Welt auch. Die Botschaften so, dass einem nicht warm ums Herz wird. Wo ist sie hin, die Zärtlichkeit, die einen Menschen nicht als Nummer in einer Opferstatistik behandelt? Die Nachrichten sind voller Bilder, die einem in die Glieder fahren. Den Hals zuschnüren. Angst machen. Der Predigttext aus dem Buch der Offenbarung bietet Anknüpfungspunkte an diesem 2. Adventssonntag, damit Verwandlung zu neuem Mut und begründeter

Hoffnung geschehen kann. Aber die brauchen eine Übersetzung. Die Art zu reden und zu denken ist für neuzeitliche Menschen nur schwer zugänglich. »Wir erwarten klare Aussagen [...], und bekommen stattdessen Bilder, die unsere Vorstellungskraft sprengen.« (Walter Faerber, a. a. O., 18) Fragen wir: Was hat das mit uns zu tun? Eine Zeit, in der man sich arrangiert hat und die Wiederkunft Christi keine Verheißung darstellt, sondern für viele wie eine Drohung klingt? Keine Frage, der Text und die Vielzahl der Bilder und Anknüpfungspunkte benötigen homiletische Entscheidungen. Ziel ist die Mitte dieser Perikope: durch alle Anfechtungen an Christus festzuhalten und seine Treue zu begreifen, die durch jede Kälte im globalen Geschehen, durch Dunkelheit im Leben des Einzelnen, durch jeden Tod trägt. Halte durch! Denn es gibt einen Durchhalter in deinem Leben.

Am 2. Advent geht es liturgisch um den erlösenden Aspekt Gottes. Das Bild der Krone als Symbol für eine verliehene Würde trägt eine Leichtigkeit in sich, die diesem Charakter entsprechen kann. Gleichzeitig ist es stimmig zum Verstehenshorizont unserer Zeit. Harald Glööckler: »Mein Ziel war es, aus jedem Menschen eine Prinzessin oder einen Prinzen zu machen.« Kann das gelingen? Nicht durch Glitzer und Glamour? Sondern weil auch unser oft geschundenes Aschenputtelherz von Christus zurechtgerückt werden muss. Seine Liebe zu uns wird gegen alle Mächte der Zerstörung und der Finsternis siegen.

Predigtthema

Verwandlung: vom Aschenputtel zur Prinzessin. Von Hoffnungslosigkeit zu neuem Mut.

Vorschläge zur Liturgie

Gebet

Gott, du wunderbarer König,
du hast in Christus dein Licht aufgehen lassen
über aller Dunkelheit in der Welt.
Lass unser Leben hell und klar werden
im Licht seiner Erscheinung.

Gib, dass auch andere das Licht erkennen,
das mit ihm, deinem Sohn, in die Welt gekommen ist.
Deine Liebe ist kein leeres Wort.
Durch den Heiligen Geist lebst du in uns
und wirst uns nie verlassen.
Schenke uns deine Nähe heute und in Ewigkeit.
Amen.

Fürbitten

Gott,
du hast Macht über Himmel und Erde:
Wir warten auf dich.
(Stille)
Wir bitten dich: Komm!
Komm, starker Gott, stärke mutlose Herzen.

Die einzelnen Fürbitten nehmen die des Kommens Bedürftigen in den Blick. Eine Stille am Ende gibt Raum für das Nicht-Genannte.

Schluss:
Während wir noch auf dich warten,
kommst du uns schon längst entgegen.

Auf die einzelnen Fürbitten antwortet die Gemeinde mit dem Lied »Don't be afraid« (John L. Bell, Graham Maule, Iona Community Scotland 1991).

Lieder: EG 1 Macht hoch die Tür; EG 13 Tochter Zion; EG 327 Wunderbarer König; freiTöne 15 Und ein neuer Morgen; freiTöne 25 Da wohnt ein Sehnen tief in uns

Vorschlag zur Predigt

Möglicher Anfang

»Du hast es gut, du kannst fliegen, wohin du willst ...« Aschenbrödel ist in ihr Versteck gelaufen. Sie schluchzt. Streichelt ihre Eule Rosalie: »Du kannst fliegen, wohin du willst.« Ach, Aschenbrödel, so klein haben sie dich gekriegt – dass du nicht mehr weißt, was Freiheit ist? Spürst du denn nicht mehr deine Flügel und hast das Fliegen ganz verlernt? Die Eule Rosalie bewacht die kleinen Schätze, die Aschenbrödel von ihrer Mutter geerbt hat. Es ist ihre Erinnerung an Würde, die sie in dem winzigen Kästchen aufbewahrt. Die Geschichte ist schnell erzählt: Der gute Vater von Aschenbrödel ist gestorben. Die böse Stiefmutter hat das Regiment übernommen. Bevorzugt ihre eigene Tochter und lässt Aschenbrödel spüren, dass sie ihr Leben für wertlos hält: »Aschenputtel, möchtest du mit uns in die Stadt fahren?« Aschenbrödel nickt. Die Schwiegermutter lacht: »Ausreißen würden die Leute vor dir!« Jeder noch so kleine Grund zur Freude wird gehässig im Keim erstickt. Wo das Lachen verboten ist, ist gewöhnlich noch nicht einmal das Weinen gestattet. Das kann auch in unserem Leben passieren, dass wir zu Boden gestoßen, kleingemacht werden. »Die Wangen sind mit Asche beschmutzt?« Das Herz auch und der Mut. Und dann frage ich mich, ob es reicht, was ich für das Leben habe. Und damit meine ich vor allem, ob es an Hoffnung reicht? Ob es an Kraft reicht in meinem Leben? Und an Mut?

Zum weiteren Verlauf
1. Impuls: Metamorphosen: Metamorphosen sind etwas total Krasses. Etwas nimmt eine ganz neue Form an, was zuvor überhaupt nicht denkbar gewesen wäre. Die Raupe eines Schmetterlings wie zum Beispiel dem Götterbaumspinner verpuppt sich. Und dann beginnt vermutlich die berühmteste Transformation: Eine eher behäbige Raupe verwandelt sich in ein geflügeltes Kunstwerk. Die Raupe trägt nicht aktiv zur Metamorphose bei. Aber sie sperrt sich nicht gegen Veränderung. Die Metamorphose verändert für sie fast alles. Auf einmal kommt das Insekt in die Lage, Orte zu erkunden, die zuvor nicht erreichbar gewesen wären. Was verwandelt uns?
Was verwandelt meine Angst in neue Hoffnung?
Wer verwandelt mich?

2. Impuls: Wenn wir das Gefühl haben, dass wir auf wankendem Boden stehen, ist das eine gute Voraussetzung, um den Predigttext heute aus dem Buch der Offenbarung zu verstehen. Die wussten damals noch nichts von globaler Klimakrise oder von atomarer Bedrohung und kannten kein Aschenbrödel. Aber sie wussten sehr genau, wie es ist, klein-

gemacht zu werden. Wenn der Mut zu brechen droht. Die schlimmen Erfahrungen von damals und die von heute sind aus demselben Holz geschnitzt. Geht das dann noch, die Welt und das Leben von der Hoffnung her denken? Der Seher Johannes hilft, zu verstehen: Wir leben in einer Auseinandersetzung zwischen der alten und der neuen Welt. Aber halte an Christus fest. Mit ihm an der Seite ist die Welt nicht mehr dem Tod unterworfen und steht nicht mehr im Zeichen der Angst. (Vgl. auch Walter Faerber, Visionen gegen die Monster, Neukirchen-Vluyn 2018)

3. Impuls: Glaubst du noch an Wunder, Aschenbrödel? Glaubst du noch daran, dass Gott deine Sache zu einem guten Ende führt? Oder hast du aufgehört, genau hinzuschauen, weil man in deine Augen Asche gestreut hat? Man kann auch Dinge in seinem Leben verlernen! Manchmal stelle ich mir Gott wie jemanden vor, der einen Vogel fand auf dem Weg mit gebrochenem Flügel. Nach viel Kümmern, den Flügel Schienen, nach Wärmen, Füttern geht er nun zum ersten Mal mit ihm raus in die Sonne. Er öffnet seine Hände. Der Vogel streckt seine Flügel ... »Du kannst fliegen, wohin du willst!« Du auch.

Möglicher Schluss
Im Advent wird uns das Kommen Gottes in die Welt angekündigt. Es ist derselbe, der wiederkommen wird und uns an die Hand nimmt, wenn unsere Beine zu müde oder die Krone verrutscht oder die Flügel gebrochen sind. Kann sein: Wir fühlen uns manchmal wie unser Scheitern, wie herumgeschubst und zu Boden geworfen, die Wangen mit Asche beschmutzt. Das sind Tatsachen unseres Lebens. Aber lass dich durch das, was andere mit dir machen, nicht darüber täuschen, was du bist. Denn unsere wahre Bestimmung ist nicht die Asche auf Wangen und Herzen. Sondern Prinz und Prinzessin zu sein – Töchter und Söhne des Königs aller Könige! Drum halte, was du hast. Halte deine Zuversicht. Deine Hoffnung. Dein Vertrauen ... Dass niemand deine Krone nehme!
Amen.

Gestaltungsidee
Es bietet sich an, diesen Gottesdienst am 2. Advent als Filmgottesdienst zu probieren. »Drei Nüsse für Aschenbrödel« (Václav Vorlíček, Produktion: ČSSR, DDR 1973) gilt als Kultfilm und ist als eine der schönsten

Märchenadaptionen fester Bestandteil im vorweihnachtlichen Fernseh-programm.

Im Gottesdienst werden Ausschnitte gezeigt. Gibt es ein örtliches Kino? Dann bietet sich eine Kooperation an. Gottesdienstbesucherin-nen und -besucher erhalten Freikarten. Geht das? Popcorn und Nachos anzubieten?

Symbole, Aktionen

Unterschiedliche Stationen laden ein, sich spielerisch und mit Leich-tigkeit die Symbolwelt zu erschließen. Zum Beispiel: 1. Sweat- oder T-Shirts bedrucken: Aufschrift »Gotteskind« mit dem Symbol einer Krone. Transferfolie kann mit den gewünschten Bildern und Aufschrif-ten mit einem normalen Drucker ausgedruckt und anschließend mit einem Bügeleisen auf das Kleidungsstück aufgebracht werden. Eine Personalisierung ist am Computer möglich. 2. Postkarten verschenken. Motiv: »Hinfallen. Aufsteh'n. Krone richten!« 3. Fotostation: Ein mit Samt geschmückter »Thron« steht als Kulisse für Fotos zur Verfügung. Symbolgegenstände (Krone, Zepter, Umhang ...) befinden sich in einer Verkleidungskiste.

3. Advent
Mt 11,2–10

Reinhild Koring

Erste Begegnung mit dem Text

Ich liebe diesen Text. Allein diese »schwergewichtige« Frage: Bist du es, oder sollen wir auf einen anderen warten? Jesus oder Johannes. Für uns ist diese Frage beantwortet, doch wie war es damals? Ich registriere beim Lesen die Bemerkung Jesu, dass man sich durchaus über ihn ärgern könnte! Was mag sich da angestaut haben, auch in ihm(!), und bricht sich in dieser Rede ans Volk Bahn, die einer Standpauke gleichkommt. Was haben sie sich bloß vorgestellt, was ein Prophet (Johannes) ist! Und die ungewöhnlichen Vorgänge, die mit Jesu Auftreten einhergegangen sind, haben sie doch gesehen! Warum erscheinen sie weiterhin träge im Geist, irritiert, hartnäckig den Kopf schüttelnd, wenn die Rede auf Jesus kommt? Seine Predigten und Heilstaten, so leidenschaftlich sie auch sein mögen: Sie bleiben ohne die von ihm erhoffte Resonanz. Offenbar ist es hoffnungslos, sie überzeugen zu wollen, dass sie tatsächlich den Messias vor sich haben. Was wollt ihr eigentlich? Das möchte ich auch rufen. Voller Ungeduld wartend und redend, dass sich die Zustände dieser Welt ändern müssten, müde und matt zuweilen, da finde ich mich, uns, heute wieder, eine ein ums andere Mal nur skeptisch glaubende und hoffende, allzeit ungeduldige, in der öffentlichen Meinung umher geworfene »Menge«. Keine homogene Menge (auch damals nicht), sondern Individuen, die sich im Hoffen, Warten und nach dem Heil sich sehnend eingerichtet haben.

Exegetische Skizze

Der Kontext: Mt 11,1–30
Matthäus ordnet Johannes und Jesus in die Heilsgeschichte ein. Die Besonderheiten von Jesu Werk werden vorgestellt. (W. Grundmann)

25

Das, was Jesus tut, sei noch nie da gewesen in Israel, bekundet das Volk anlässlich einer Dämonenaustreibung (Mt 9,33). Bereits hier zweifeln Pharisäer an der göttlichen Autorität Jesu, rücken ihn selbst in die Nähe von Dämonen (V.34). Das herannahende Königtum Gottes ist außerdem gefährdet, »leidet Gewalt« oder »dringt mit Gewalt herein«. Johannes hat dieses Nahekommen des Königtums ausgelöst. Seine Bewegung wirke weiter und lasse Menschen sich stark, mutig und tapfer (*biatas*) dem Gottesreich entgegenstrecken, so Grundmann. Johannes ist als der mögliche wiedergekommene Elia »der Wiederhersteller des Gottesvolkes und gehört mit in die Zeit der Erfüllung« (a.a.O. 310), die angebrochen ist. Nun kommt Jesus mit seiner Botschaft in den Blick. Gemäß dem Zeugenrecht werden Jünger des Johannes zu Jesus gesandt, bei Lukas (7,18 ff.) sogar genau zwei, wie das Gesetz es verlangt. Jesu Antwort an den Täufer ist eindeutig, mit Bezug zu Jes 35: Ich bin der Messias. Ihr müsst auf keinen anderen warten. Johannes' Aufgabe war die Vorbereitung, jedoch sei er nicht als ein direkter Vorbote des Messias anzusehen. (NT jüd. erkl. 674)

Zum Begriff des Messias
Bei H. Conzelmann (Grundriss der Theologie des NT) oder P. Stuhlmacher (Vom Verstehen des NT) kann man fündig werden. Neuere Darstellungen finden sich auch im NT, jüdisch erklärt. Demnach erfüllt Jesus zwar einige messianische Heilstaten (11,5ff.), doch gab es unterschiedliche Erwartungen, was der Messias bei seiner Ankunft vollbringen würde. Charismatische Gestalten gab es zuhauf, wie Josephus zu berichten weiß. Er entlarvt sie allesamt als »Räuber und Lügner.« (a.a.O.) Die Frage nach der Identität Jesu ist also vollkommen berechtigt. Glaubenden wird die Entscheidung zugemutet, wem sie (weiter) folgen wollen.

Mt 11,2–10(11)
2–6: Jesu Begegnung mit den Johannesjüngern. Der Täufer befindet sich in Haft in Machaerus, unweit des Toten Meeres. Jesu Antwort auf die Frage des Johannes enthält eine Beschreibung messianischer Heilserwartungen, die sich gerade erfüllen, quasi eine Beweisführung, ein Nachweis seiner Identität.
7–10(11): Jesu Rede an das Volk, mit Erläuterungen zu Johannes. Er ist Bote, Wegbereiter Jesu, Prophet. Doch erst mit der konkreten Bestä-

tigung, dass er der wiederkehrende Elia sei, V.14 ist der Höhepunkt erreicht und das Verhältnis Jesus – Johannes vor der Öffentlichkeit geklärt.

Weg zur Predigt

Die Frage des »echten« Messias bewegt die Gottesdienstbesucher/innen nicht mehr. Zu Beginn möchte ich aber kurz benennen, dass es damals um eine wichtige Weichenstellung ging. Der Messias war angekommen. Ihn anzunehmen und mit ihm mitzugehen war eine Glaubensentscheidung und veränderte für die an Christus Glaubenden den »Status der Erwartung«: Die vorhergesagte Heilszeit war mit den Werken des Messias Jesus nun da. Das Thema Erwartung, Warten auf das Heil ist indes nicht ganz ad acta zu legen. Das Noch-Ausstehen der endgültigen Erfüllung des Heils wurde zu einem Thema der Adventszeit. Erwartung und Sehnsucht kommen hier besonders zur Sprache. Noch leben wir in einer zerrissenen Schöpfung, von Heilung (kaum) eine Spur. Die prophetischen Verheißungen sind Gegenstand von Andachten, Adventsfeiern und in Gottesdiensten. Grund genug, sich dem Thema Warten intensiver zu widmen. Anlass zu Jesu (in meiner Annahme) sehr engagierter Rede ist die Erwartungshaltung des Volkes, dessen Sperrigkeit, Zögerlichkeit und »falsche« Vorstellungen sind das Problem. Und heute? Was erwarten die Menschen? Wer hat Geduld, immer weiter zu warten? Warten auf die Regierenden, die mit den Maßnahmen gegen den Klimakollaps zu langsam sind (und wohl immer zu langsam sein werden), warten auf die gerechte Verteilung der Güter in der Welt, warten auf Frieden, zumindest auf die Entschärfung von Dauerkonflikten. Der ökologische Fußabdruck, die vermeintliche Überbevölkerung (neuerdings wieder) u.v.m. bestimmen die Debatten und manch einer erwartet, dass auch die Kirche sich stärker verändert, und dass sie die digitale Transformation nicht verpasst. Indem ich schreibe, wird klar, es kann sich nicht um ein Warten im klassischen Sinne handeln. Nicht um ein Abwarten, nicht um etwas Passives, nichts Statisches. Aber es gibt auch keine Lösungen am Band, trotz aller dringenden Probleme. Zum anderen könnte entfaltet werden: Wie halten wir unsere Überzeugung wach gegen Widerstände, wie lässt sich gegen (die eigene) Trägheit anarbeiten und gegen zu große Ungeduld ebenso, wie geht das auf der Langstrecke, auf der wir uns befinden? Wie motivieren wir uns, gemeinsam mit anderen, immer wieder wenigstens kleine Schritte zu tun, um die Welt ein bisschen positiver zu gestalten? Wie können wir eine (solche) Leidenschaftlichkeit des Glaubens, wie Jesus sie vorlebt und Paulus sie weiter ausführt, in uns wecken und wachhalten? (Röm 12,(9)11 ff.) Siehe auch Jesu Umgang mit den Händlern im Vorhof des Tempels (Lk 19,45).

Predigtthema

Aktives Warten und Hoffen, das sich nicht entmutigen lässt. Leidenschaft bewahren. Ungeduld gehört dazu. Wir »wachsen« dem Gottesreich entgegen.

Vorschläge zur Liturgie

Lesungen: Jes 40,3–5.9–11; Lk 1,76–80.

Tagesgebet
Guter Gott,
bald feiern wir Weihnachten.
Wir wissen, mir dir kommt Licht in die Welt,
Grund zur Freude.
Und doch sind wir voller Ungeduld und Unruhe,
hin- und hergeworfen in dunklen wirren Zeiten.
Es wird sich alles wenden,
darauf warten wir.
Erneure unsere Hoffnung,
höre unser Gebet:
Dein Frieden, dein Reich, es vollende sich bald!
Amen.

Lieder: EG 52,1.3 Wisst ihr noch, wie es geschehen?; EG 12 Gott sei Dank durch alle Welt; EG 10 Mit Ernst, o Menschenkinder

Vorschlag zur Predigt

Möglicher Anfang

»Mit brennender Geduld« ist ein Buchtitel des chilenischen Autors Antonio Skarmeta. Es geht darin um eine sich geduldende, abwartende, aber sich dennoch unbedingt auf »das Ziel« (die Frau, die es zu gewinnen gilt) hin ausstreckende Liebe, eine Liebe mit großer Leidenschaft. Eine ähnliche Formulierung finden wir bei Paulus (Röm 12,11). »Seid brennend im Geist« formuliert er, wenn es um den Glauben geht. Was für eine Wortwahl! Mit Geduld brennen? Im Geist auch? Wie kann das zusammenpassen? Eine bemerkenswerte Ermutigung, aber es klingt auch etwas seltsam. Die Adventszeit diktiert uns geradezu das Thema Warten und Hoffen auf etwas, das kommt. Zwar singen und beten wir davon, dass Gott in diesem Krippenkind zur Welt kam, doch das Warten auf das endgültige Heil, auf Erfüllung und Vollendung des Gotteswerkes in der Welt, das bewegt uns weiter. Wir bekennen, dass dieses Kind in der Krippe Gottes Sohn und der Messias ist, vorhergesagt in den alten Weissagungen der Propheten, allen voran Jesaja. In unserem heutigen Predigttext werden wir daran erinnert, dass dieses Bekenntnis nicht selbstverständlich war (und ist). Nicht allen Menschen, die Jesus begegneten, fiel es sofort wie Schuppen von den Augen, als Jesus begonnen hatte zu predigen und zu heilen. Ein wichtiger Zeitgenosse Jesu war Johannes der Täufer, den wir den Wegbereiter Jesu nennen und der sich auch selbst so gesehen hat. Und doch formulierte Johannes *diese Frage!*
Textlesung Mt 11,2–10

»Bist du es denn wirklich, oder sollen wir weiter warten?« Johannes war sich also nicht ganz sicher. Dabei gehörte er doch, so könnte man meinen, zu den am besten Informierten. Jesus beantwortet die Frage mit Ja, aber viele sind sich weiterhin unsicher. Die einen können sich für Jesus entscheiden, die anderen nicht. Sie haben sich nicht getraut, Jesus nicht vertraut. Es waren keine einfachen Zeiten damals.
Aber »einfache Zeiten«, ich glaube, die gibt es nie. Mich hat diese Geschichte, diese Frage immer beeindruckt und auch, wie Jesus geantwortet hat. »Bist du es, der da kommen soll, oder sollen wir auf einen anderen warten?« Johannes will es wissen, die Menschen interessiert diese Frage brennend. Ich stelle es mir vor, damals, unter der römischen

Herrschaft. Wie sie voller Ungeduld sind, voll Zorn, voller Hoffnung aber auch, dass Gott endlich den Befreier senden wird, den Messias. Dass er nicht nur »auf dem Papier steht«, wie wir heute sagen würden, sondern dass wirklich einer kommt! Und zwar der richtige.

Wir befinden uns heute in anderer Zeit und Situation. Sicher, das sind wir gewohnt, die Texte der Bibel sind immer aus ganz anderer Zeit! Die Frage, ob Jesus der erwartete Erlöser und Heiland ist, stellt sich uns nicht mehr. Doch eines treibt uns weiter um: ein Warten auf etwas, das noch kommt. Etwas hat schon begonnen, aber es ist noch nicht am Ziel. Die Welt ist noch nicht erlöst. Wir sind noch nicht am Ziel.

In einem Beitrag des Deutschlandfunks las ich das Folgende:
»Das Leben, eine große Warteschleife. Der Mensch: ein ›Homo expectans.‹ Jeder wartet, eigentlich fast immer: auf eine kleine Auskunft oder die große Liebe, auf das Ende einer langweiligen Sitzung oder den Start einer aufregenden Karriere. Fans erwarten einen flüchtigen Blick auf ihren Star am Roten Teppich. Flüchtlinge warten auf ihre einzige Chance in endlosen Reihen vor dem Zaun. Wir warten auf bessere Zeiten oder den Weltuntergang, auf einen Geburtstermin oder den Tod.«

Mir kommen sehr verschiedene Situationen des Wartens in den Sinn. Manches Mal empfinden wir Warten als Zeitvergeudung. Wir fragen, was könnte ich stattdessen Sinnvolles tun! Ein wütendes Warten und sich Fügen wird vielleicht daraus. Ein trotziges Warten, weil es ausgehalten werden muss. Ich kenne das bange Warten, wenn jemand im Krankenhaus ist, man einen Anruf erwartet, der eine Diagnose mitteilt, Heilung oder Untergang oder etwas dazwischen. Es ist ein schreckliches Warten, das lähmt. Ich denke, einige kennen solche Erfahrungen. Etwas anderes ist das freudige Erwarten eines lieben Besuches nach langer Zeit, mit fiebriger Ungeduld, aber in Hochstimmung: Es wird nicht mehr lange dauern, es ist ja fest verabredet. Er kommt. Sie kommt. Ganz sicher. Und dann wird die Zeit schön, die man verbringt, erfüllt von guten Dingen.

Ja, und es gibt ein ganz ruhiges, fast entspanntes Warten, mit Gelassenheit, wenn ich aus Erfahrung weiß, was zu erwarten ist und ich es entgegennehmen kann, so wie es eben kommt. Und weil ich als glaubender Mensch warte, darum begleitet mich eine Zuversicht, die gefährdet sein kann, die aber trotzdem bleibt. Für die einen ein roter Faden, für andere ein Seil oder gar ein fester Grund.

Zum weiteren Verlauf

Wer möchte, kann andere Aspekte des »Wartens« ausführen (s. Literatur). Entwicklung der Predigt: Viel macht uns zu schaffen in unserer unheilen Welt, das unser Durchhaltevermögen (als Glaubende) lähmt, uns »den letzten Nerv raubt«, Enttäuschung und Wut provoziert. Vieles stellt meine Geduld auf die Probe. Beispiele nennen ...
Im Advent ist auch die uns umgebende Dunkelheit präsent. Aber wir erleben Dinge, die uns stärken. (Impulse geben, Fragen)
Eigenkritik: Wir sind andererseits ziemlich wohlig eingerichtet in unseren Ritualen (Adventskranz, Leuchtdeko überall, Weihnachtsmärkte ...), und solche Gemütlichkeit macht vielleicht träge. Was geht also darüber hinaus? Die Spannung zwischen dem Bestehenden und dem, was von Gott her (noch) zu erwarten ist, auch für mein persönliches Leben, soll nicht verloren gehen. Den Advent begehen heißt auch in sich gehen, sich selbst befragen. Klarheit gewinnen. Was wünsche, erhoffe ich? Wo habe ich den Faden verloren? Kann ich mich von Jesus, seinem Brennen für das Reich Gottes nicht nur beeindrucken, sondern auch (von Neuem) anstecken lassen?

Möglicher Schluss

Das Warten im Glauben ist kein träges Abwarten auf das Reich Gottes. Ungeduldig zu sein gehört dazu und ist manchmal auch ein Ansporn für eine fröhliche Glaubensstärke, die es wieder zu entfachen gilt! Es ist ja schon mitten unter uns, das Himmelreich, als kleiner Keim, ein Senfkorn, das sich entfalten wird und wachsen. Wir dürfen leidenschaftlich sein. Wir dürfen dem Mainstream widersprechen, oft müssen wir es. (Beispiele)
Wir können Anstoß erregen; Jesus hat auch genug davon erlebt. Gut so. Christenmenschen sind nicht aufgerufen, brav und angepasst zu sein, sondern »mit dem Vorgeschmack« des kommenden umfassenden Heils zu leben, oft hin und hergerissen, mutig und verzagt zugleich. Es ist eine sehnsuchtsvolle Erwartung, die wir uns nicht nehmen lassen. Wir wissen, es kommt: Das Friedensreich Gottes, mit seiner Gerechtigkeit. Und die Entscheidung für Jesus Christus war damals wie heute die richtige Antwort. Lassen wir ihn zur Welt kommen. Amen.

Alternativen zum Predigtanfang

Anspiel (zwei Sprecher/innen): Anruf in der Warteschleife. »Bitte warten, ihre Verbindung wird gehalten. Bitte warten ... Wir bemühen uns, Ihren Anruf schnellstmöglich entgegenzunehmen. Bitte haben Sie noch etwas Geduld! Bitte warten, Ihre Verbindung wird gehalten. Bitte bleiben Sie in der Leitung. Wir versuchen Sie schnellstmöglich weiterzuverbinden. Bitte haben Sie noch etwas Geduld.«

Prediger/in setzt fort: Bitte warten. Geduld, Warten! Obwohl das Fest doch vor der Tür steht! Manchmal verhalten wir uns wie Kinder, die bis zur Bescherung schon ungeduldig die Tage zählen, ja, es sind nicht mehr viele Türchen offen im Adventskalender! Warten gehört zum Advent ...

Kontexte und Tipps zum Text

Literatur:

Gabriel Garcia Marquez, Die Liebe in den Zeiten der Cholera, S. Fischer.

Antonio Skarmeta, Mit brennender Geduld, Piper Verlag.

Walter Grundmann, Das Evangelium nach Matthäus, ThHKNT 1986

Hans Conzelmann, Grundriss der Theologie des NT, 1976

Das NT jüdisch erklärt, Dt. Bibelgesellschaft, 2022

Reinhard G. Kratz, Die Propheten der Bibel, 2022

www.deutschlandfunkkultur.de/soziales-alltagsphaenomen-ueber-das-warten-100.html

4. Advent
Jes 62,1–5

Götz Brakel

Erste Begegnung mit dem Text

Selten hat mich die Vorbereitung eines Gottesdienstentwurfes so lange ratlos gelassen. Nicht nur, dass der anstehende 4. Advent auf den Sonntag fällt und damit Vormittag des Heiligen Abends sein wird. Höchstwahrscheinlich wird in kaum einer Kirche ein Sonntagsmorgen-Gottesdienst gefeiert werden. Vielleicht lässt sich stattdessen der 4. Advent am Vorabend, 23.12., gottesdienstlich begehen.

Aber der eigentliche Stolperstein ist der vorgeschlagene Predigttext. Wer redet hier? Beim ersten Lesen scheint es zu changieren, Gott oder der Prophet. Und wenn es der Prophet ist,– kann und darf ich mir diesen Mitteilungsdrang zu eigen machen. Weiter, ist das nicht ein Text für das Volk Israel? Kann ich einfach Zion und Jerusalem auf Kirche oder unsere Welt beziehen? Und das Frauenbild – diese hilflose Person, die auf einen Mann wartet, der Lust an ihr hat? Wie soll ich darüber predigen?

Exegetische Skizze

Der vorgeschlagene Predigttext ist dem letzten Abschnitt des Jesajabuches entnommen (Kap. 56–66), der in der Forschung Tritojesaja genannt wird. Diesen Teil ordnet die Forschung zeitlich nachexilisch ein. Das Volk Israel ist ins Heilige Land zurückgekehrt und fragt sich in dieser Besiedlungs- und Aufbauphase, ob mit der Rückkehr die Verheißungen Gottes schon erfüllt sind oder ob noch etwas aussteht.

Gerhard von Rad bringt es auf den Punkt: »Hinter der Botschaft Tritojesajas erkennt man die prekäre Situation, die durch ein inzwischen überfällig gewordenes göttliches Versprechen gekennzeichnet ist. Aber Tritojesaja nimmt das Wort von dem nahen Kommen Jahwes zu seiner Stadt unbeirrt auf. Ja, seine Botschaft gipfelt geradezu in dem Bemühen, das zwar verzögerte Kommen Jahwes zur Verklärung seiner Stadt seinen Zeitgenossen als ein ganz unbezweifelbares und weltenwendendes Ereignis warnend vor Augen zu stellen.« (Gerhard von Rad, Theologie des Alten Testamentes II. Die Theologie der prophetischen Überlieferungen. 8. Aufl. 1984, 292)

Weg zur Predigt

Der Text hat mich irritiert, aber mich auch gepackt. Diese energische Sprache. Hier hat jemand eine Botschaft, die er loswerden muss, und einen Blick für das Erbarmungswürdige. Es stellen sich innere Bilder ein. Ich bin davon abgekommen, die Zions-Traditionen erklären und deuten zu wollen oder das Frauenbild zu problematisieren. Beides hätte den Text lauwarm gemacht. Ich habe stattdessen versucht, mich vom prophetischen Gestus anstecken zu lassen. Dazu habe ich mir einzelne Satzfetzen laut vorgelesen und sie in mir wirken lassen. Und die Sätze wirken.

Gleichzeitig hatte ich das Bild der Maria aus Lukas 1 (Reihe I und IV) vor meinem inneren Auge. Auf den Imperativ des Wochenspruchs wollte ich mich nicht einlassen, obwohl doch im Perikopenbuch (2018, hrsg. v. der liturgischen Konferenz, blaues Blatt, folgend auf S. 30) notiert wird »Vorfreude ist die schönste Freude.« Hier hält der Prophet dagegen, indem er sich nicht mit Vorfreude abspeisen lässt, sondern Gott die großen Hoffnungen abfordert.

Predigtthema

Sich nicht zufrieden geben mit kleinen Hoffnungen

Vorschläge zur Liturgie

Kyrie
Um uns herrscht Dunkelheit, und es ist kalt,
wir sehnen uns nach deinem Licht und warten auf deine Nähe.
Wir rufen zu dir: Kyrie ...
Gloria entfällt vom 2. bis 4. Advent

Eingangsgebet

Der Heilige Abend kommt,
und wir freuen uns über das Weihnachtsfest.
Wir wollen das Kind Marias feiern, das du der Welt geschenkt hast.
Lasse uns die Hoffnungen sehen, die sich mit diesem Kind verbinden,
und zeige uns Orte in dieser Welt, wo deine Hoffnungen aufscheinen.

Wochenspruch: »Freuet euch in dem Herrn, und abermals sage ich:
Freuet euch! Der Herr ist nahe.«

Psalm: Lobgesang der Maria (Magnificat) aus Lukas 1,46–55

Fürbitten

Wir bitten dich, Gott: Lasse es Weihnachten werden in uns, dass wir
dein Lob singen können wie Maria.
Lasse es Weihnachten werden für die Kranken, die keine Heilung mehr
erwarten. Lasse uns erkennen, dass du in die Welt gekommen bist, um
uns den Weg zu zeigen durch den Tod ins Leben.
Lasse es Weihnachten werden für die, die kaum noch genug Geld zum
Leben haben – fürs Essen, fürs Heizen, die nur noch rechnen müssen
und nicht mehr unbeschwert leben können.
Lasse uns erkennen, dass du unser Leben geteilt hast, damit wir lernen
zu teilen, was wir zum Leben brauchen.
Lasse es Weihnachten werden für die Schöpfung, die dem Hochmut
und der Gewalttätigkeit des Menschen unterworfen ist. Lasse uns
erkennen, dass du gekommen bist, damit wir lernen, sie zu bebauen
und auch zu bewahren.
Wir bitten dich: Lasse es Weihnachten werden auch für die Menschen,
die gerade Krieg erleben, in der Ukraine, in Ländern Afrikas. Lasse es
Weihnachten werden für Menschen, die für Freiheit und Menschenrechte eintreten, in China, im Iran.
Lasse es Weihnachten werden für uns als Kirche: Wir scheinen so
altersschwach und unbeweglich geworden zu sein, ohne Hoffnung und
Überzeugungskraft. Hilfe uns, Menschen anzusprechen und Zuversicht auszustrahlen. Lasse uns die Möglichkeiten erkennen und nutzen, die auf uns warten.

Lieder: Lied nach der Predigt: EG 286 Singt, singt dem Herren neue Lieder, insbesondere V.4 (Vorschlag Deeg/Schüle zum Text: Alexander Deeg/Andreas Schüle, Die neuen alttestamentlichen Perikopentexte, Leipzig 5. Aufl. 2021, 91); EG 19 O komm, o komm, du Morgenstern; EG 262 Sonne der Gerechtigkeit; EG 16 Die Nacht ist vorgedrungen; Freitöne 25 Da wohnt ein Sehnen tief in uns; EG (NB) 571 Tragt in die Welt nun ein Licht

Vorschlag zur Predigt

Möglicher Anfang

I. Der Heilige Abend steht vor der Tür, und dann die Feiertage. Noch ist die Kirche leer, aber später dann – heute Abend, Heiligabend – ist kaum noch ein Platz zu finden. Jetzt sind wir unter uns, denn die Leute haben ja noch so viel zu tun. Schnell noch die letzten Erledigungen, solange die Geschäfte noch aufhaben, und dann geht es an den Tannenbaum und wird gefeiert. Doch wir sitzen hier – in kleiner Runde, wo alle anderen meinen, sie haben noch wichtigeres zu tun.

Es ist gut, hier in der Kirche noch einmal zur Ruhe kommen, für sich zu sein, schweigen, hören, singen, beten, nachdenken, innehalten und hineinhören in sich, was sich meldet. Dazu ist Kirche und Gottesdienst gut, gerade wenn der kirchliche Weihnachtstrubel an Heiligabend noch nicht eingesetzt hat.

Draußen ist es dunkel geworden. Die Tage sind kurz. Und kalt ist es auch. Seit wir nicht mehr so viel heizen, dringt die Kälte uns unter die Haut. Auch wenn es dunkel ist und kalt, ich komme zur Ruhe, lasse die Kälte draußen, schirme mich ab vor der lauten Welt, will einfach still werden und hören.

Und es meldet sich jemand. Es wird einer laut und schreit es heraus: *Um Zions willen will ich nicht schweigen, und um Jerusalems willen will ich nicht innehalten, bis seine Gerechtigkeit aufgehe wie ein Glanz und sein Heil brenne wie eine Fackel ...*

Dieser Prophet aus dem Alten Testament, der im Buch Jesaja geschrieben hat, er ruft laut, aber es fällt schwer, auf ihn zu hören. Wir sind mit uns beschäftigt. Es ist so viel bei uns passiert in den letzten Jahren. Die Klimakrise wird bedrohlicher. Corona hat für drei Jahre unseren Alltag eingeschränkt. Und dann bricht noch ein Krieg in unserer Nachbarschaft aus, und unsere Preise explodieren.

Das reicht eigentlich. Ich möchte abschalten und meine Ruhe haben. Einfach besinnlich Weihnachten feiern. Die Gardinen zuziehen, das Licht am Tannenbaum anzünden und »Alle Jahre wieder«.

Ich möchte meine Ruhe haben, aber der Prophet fängt zu reden an, laut und deutlich. *Um Zions willen will ich nicht schweigen, und um Jerusalems willen will ich nicht innehalten, bis seine Gerechtigkeit aufgehe wie ein Glanz und sein Heil brenne wie eine Fackel …* Hier guckt einer auf die Heilige Stadt, auf Jerusalem. Israel war in der Verbannung, ist nun wieder heimgekehrt. Sie machen sich daran, den Tempel wieder aufzubauen. Es soll alles wieder seine gewohnte Ordnung haben. Das ist doch erst einmal gut.

Wenn der Tempel wieder steht, wenn die Kirchen wieder Gottesdienste feiern und alle singen können, wenn niemand mehr Maske im Zug tragen muss, dann ist doch alles wieder gut. Diese große Hoffnung auf das Reich Gottes, das ist schön, aber jetzt ist einfach Weihnachten dran, wie alle Jahre wieder.

Aber es gibt nicht alle Jahre wieder. Wir wissen – auch aus eigener Erfahrung, wie empfindlich, wie gefährdet die Weihnachtsfreude ist. Diese drei Jahre hinter uns, wo wir Weihnachten nur unter Vorsicht feiern konnten. 2020 – die Kirchen waren leer. Nur der engste Familienkreis konnte sich treffen. 2021 – das Singen war immer noch gefährlich, und nur über Masken schauten wir uns an. 2022 – wir konnten uns wieder nahe kommen, aber die Kirchen waren kalt, und uns lagen der Krieg in der Ukraine und die steigenden Lebenshaltungskosten auf der Seele. Und die Klimakrise wollten wir auch nicht vollständig verdrängen. Das hat uns verändert. Vor einem Jahr war doch Zeitenwende angesagt. Die Welt ist eine andere geworden.

II. Nun ist der Prophet laut. Ihn rührt sein Land, sein Volk, seine Stadt, Jerusalem. In dieser Stadt hatte sich sein Volk immer Gott verbunden gefühlt. Sie hatten einen Tempel gebaut, damit Gottes Gebote und ihr Glaube ein Zuhause hatten. Doch dann war der Feind gekommen, das große Babylon, hatte alles eingenommen und den Tempel zerstört. Das Volk Gottes wurde in die Gefangenschaft geführt. Weit weg von ihrem Zuhause. In der Gefangenschaft hatten sie die Hoffnung nicht losgelassen. Gott wird sie wieder nach Hause bringen, der Tempel wird aufgebaut. Gott wird ihnen einen neuen Friedensfürsten schicken. Alles wird wieder gut, so wie vorher.

Denn sie sind zurückgekommen. Babylonien war nicht mehr mächtig, Persien hatte sie abgelöst, und das Volk Israel konnte ins gelobte Land zurück. Sie machten sich daran, alles wieder herzurichten. Das Heilige Land soll so sein wie vorher.

Nein, nicht wie vorher, es wird eine neue Zeit anbrechen. Der Glanz Jerusalems soll die Dunkelheit überstrahlen, die sie erlebt haben und immer noch erleben. Doch Jerusalem liegt noch brach, es schimmert nur matt. Und wo sind die großen Hoffnungen geblieben? Hat Gott sein Volk vergessen? Der Prophet wird laut und nimmt Gott beim Wort. *Um Jerusalems willen will ich nicht innehalten, bis seine Gerechtigkeit aufgehe wie ein Glanz und sein Heil brenne wie eine Fackel, dass die Völker sehen deine Gerechtigkeit und alle Könige deine Herrlichkeit.*

Zum weiteren Verlauf

III. In mir wird es laut. Es meldet sich jemand, der ich Mut zusprechen will. Ich sitze am Krankenbett. Diese tapfere kluge Dame war alt geworden, ...
Ich erzähle eine Geschichte einer Frau im Sterbebett, deren Fluchterfahrungen aus dem 2. Weltkrieg wieder hochkommen.
Ich möchte ihr zusagen: Du bist nicht verloren. *Und du wirst sein eine schöne Krone in der Hand des Herrn und ein königlicher Reif in der Hand deines Gottes.* Auch ein kleines Mädchen, die eine Dame geworden ist, ist bei Gott nicht verloren. Das wissen wir doch seit Weihnachten. Gott lässt sich auf das Menschliche ein.

IV. Ich sitze im Bus. Alle gucken aus dem Fenster oder starren aus dem Fenster. Nichts Besonderes ist zu hören: Motorengeräusch, Straßenlärm, die nächste Haltestelle wird angesagt. ...
Ich erzähle eine Geschichte einer Stadtrandkirche, die entwidmet worden ist und nun anderweitig genutzt wird.
In mir schreit es. In mir wird es laut. Gott, was ist nur los? Verlassene, leere Kirche – das schmerzt mich. Wir warten darauf, dass die Menschen wieder in die Gottesdienste kommen, singen, beten und deiner gedenken. Nicht nur am Heiligabend. Aber die Kirchen sind so leer geworden. Wir warten auf dich, Gott. Hast du uns verlassen? Magst du uns als deine Kirche noch?
Aber uns ist doch zugesagt: *Man soll dich nicht mehr nennen »Verlassene«*

und dein Land nicht mehr »Einsame«, sondern du sollst heißen »Meine
Lust« und dein Land »Liebe Frau« ...

Liebe Kirche, liebe Gemeinde, ihr seid doch nicht Gebäude, ihr seid
Menschen. Christinnen und Christen, Menschen, die aus ihrem Glauben heraus leben oder darum ringen. Baut die Kirche weiter auf oder
baut um, und nicht nur die Gebäude. Gott hat euch nicht vergessen. Ihr
habt die Zusage Gottes. Ihr habt viele Verheißungen, allerdings nicht
die, dass ihr immer die Mehrheit der Bevölkerung stellen werdet.

Möglicher Schluss

V. Diese letzten Adventstage waren dunkel und kalt. Aber Weihnachten
steht vor der Tür. Dann werden die Kerzen angezündet, und es wird
hell. In den Kirchen wird es voll werden, und die Menschen bringen
Wärme in die Kirchen hinein. Wir sitzen andächtig beieinander, lau-
schen der Weihnachtsbotschaft. In uns keimt Freude auf, wir singen
und spenden für »Brot für die Welt«.

Danach gehen wir nach Hause und feiern. Wir tragen aber weiterhin
in unserem Inneren das, was uns umtreibt, Freuden und Sorgen, Ver-
letzungen und Hoffnungen. Weihnachten wollen wir feiern, so unbeschwert es an diesem Tag uns möglich ist. Und wir sehen es ja am Kind
in der Krippe, dass in all der Verletzlichkeit, die wir in dieser Welt in
uns tragen, doch etwas von den Hoffnungen auf Gottes neuer Welt aufscheint. Ein neugeborenes Kind – und darin zeigt sich Gott.

Gott helfe uns, dass wir Sorgen ertragen, Freude in uns keime und dass
wir uns nicht vor der Welt verschließen, *bis seine Gerechtigkeit aufgehe*
wie ein Glanz und sein Heil brenne wie eine Fackel, dass die Völker sehen
deine Gerechtigkeit und alle Könige deine Herrlichkeit. Amen.

Gestaltungsidee

Der Text korrespondiert mit der Evangeliumslesung, Mariä Verkündigung.
Dazu gibt das Gemälde von Leonardo da Vinci (https://de.wikipedia.
org/wiki/Die_Verkündigung_(Leonardo_da_Vinci)#/media/
Datei:Leonardo_da_Vinci_-_Annunciazione_-_Google_Art_Project.jpg).
Mit beiden biblischen Texten, dem Bild und passender Musik lässt sich
ein besinnlicher Abendgottesdienst am 23.12. gestalten.

Kontexte und Tipps zum Text

Ich bin auf das Buch »Noch ein Glück« von Trude Simonsohn gestoßen. Sie hat Theresienstadt und Auschwitz überlebt und konnte Früh-
jahr 1945 aus der Gefangenschaft fliehen. Auf ihrer Flucht erlebte sie
etwas, was Jesaja 62 als Vision beschreibt:

Ein französischer Zwangsarbeiter beim Unternehmen Barthold hat
mich zu neuem Leben erweckt. Wir waren auf dem Weg zur Arbeit, es
war bitterkalt, und es regnete. Da habe ich gespürt, dass mir jemand
eine Regenpelerine um die Schultern legte. Ich bin in Tränen ausgebro-
chen. Ein richtiger Weinkrampf. Ich konnte mit dem Weinen gar nicht
mehr aufhören, weil ich vollkommen fassungslos war darüber, dass es
tatsächlich jemanden gab auf der Welt, dem es nicht egal war, wie es
mir ging. Seit Monaten hatte sich niemand mehr dafür interessiert, ob
ich nass wurde, ob mir kalt war, ob mir etwas wehtat. Der junge Mann,
der mir die Pelerine umgelegt hatte, hat mich ein bisschen erstaunt
angesehen, erstaunt und sehr liebevoll. Seit Theresienstadt hatte mich
niemand mehr liebevoll angesehen. Zum ersten Mal seit Monaten
spürte ich überhaupt wieder, dass ich ein Mensch, eine Frau bin.

Trude Simonsohn, Noch ein Glück: Erinnerungen, 2. Aufl. 2022, 91 f.

Christvesper
Gal 4,4–7

Claudia Brinkmann-Weiss

Erste Begegnung mit dem Text

Die Perikope war in der früheren Perikopenordnung ein Predigttext für den 1. Weihnachtstag. Da passt sie eigentlich auch besser hin. Ein kleiner, von der Kerngemeinde besuchter Gottesdienst am Weihnachtsmorgen ist etwas anderes als ein voller Gottesdienst am Heiligen Abend mit Kindern, Großfamilien und Gelegenheitskirchgängern. Da wäre die klassische Weihnachtsgeschichte nach Lukas angebrachter und den Erwartungen entsprechender als der hochkomplexe, dogmatisch verdichtete und sprachlich kühle – zudem aus dem Kontext gerissene – Abschnitt aus dem Galaterbrief. Die erste Reaktion ist eine gewisse Ratlosigkeit: Wie kann eine Predigt aussehen, die sowohl dem besonderen Kasus des Gottesdienstes am Heiligen Abend wie auch dem Text einigermaßen gerecht wird?

Exegetische Skizze

Der Galaterbrief zählt zu den echten Paulusbriefen, datiert etwa 50–55 n. Chr. Paulus richtet sich an die Gemeinde in Galatien im Gebiet der heutigen Zentraltürkei um die Region Ankara. Offenkundig sind dort Prediger aufgetaucht, die verkünden, dass es eines Übertritts zum Judentum bedarf, bevor sich jemand zu Christus bekennen kann. Dies widerspricht der Predigt des Paulus, der zuvor schon Galatien besucht hat und nun seine Arbeit und seine Mission in Frage gestellt sieht. Es ist wichtig, sich vor Augen zu halten, dass es sich beim Galaterbrief um einen echten Brief handelt. Was wir lesen, hat einen Kontext, bezieht sich auf eine reale Auseinandersetzung und ist in Teilen auch polemisch. Es geht Paulus hier nicht um grundsätzliche Aussagen über das Judentum und die Thora. Er will lediglich den Nichtjuden deutlich machen, dass sie nicht zuerst Juden werden müssen, wenn sie Christen werden wollen. Für uns, die wir die Worte des Paulus fast 2000 Jahre später lesen, ist es angemessen, darüber zu staunen, dass Gott für die Heiden einen anderen Weg gewählt hat als den über die Thora. (Vahrenhorst, 39)

Der Textabschnitt Gal 4,4–7 ist etwas zusammenhanglos aus dem Kontext gerissen, die V. 1–3 gehören zum Verständnis eigentlich notwendig dazu. Ich würde es trotzdem bei den V. 4–7 belassen, um der wenigstens sprachlichen Reminiszenz an die lukanische Weihnachtsgeschichte in V.4 willen.

V.4 »Als die Zeit erfüllt war« hat Anklänge an Lk 2,1, ist zugleich aber ganz anders konnotiert. Im Frühjudentum gab es die Vorstellung von der Zeit als Gefäß, das sich langsam füllte. Ist das Gefäß voll, ist ein Zeitabschnitt verstrichen und der geeignete Zeitpunkt gekommen. Auf diese Vorstellung greift Paulus hier zurück. Die Zeit der Unmündigkeit (V.1–3) ist vorbei, die Zeit der Kindschaft bricht an. Dazu sendet Gott seinen Sohn. Es ist Gottes Handeln zu diesem Zeitpunkt, der eine Zeitenwende einleitet. Die Geburt Jesu ist der Beginn einer durch das Heilshandeln Gottes bestimmten Zeit. Auch die Gegenwart ist schon Heilszeit, weil das eschatologische Eingreifen Gottes bereits erfolgt ist. (Wolter, 187) Der Gottessohn ist dabei ohne Zweifel und ohne Einschränkungen ganz Mensch, geboren von einer Frau, unter das Gesetz getan – wie jeder andere Mensch auch.

V.5 nimmt den Gegensatz, der sich aus V.1–3 ergibt, auf: den Gegensatz zwischen Unmündigkeit, die Knechtschaft bedeutet, und Kindschaft, die Freiheit schenkt. Knechtschaft ist weit gefasst und meint nicht nur Knechtschaft durch das Gesetz, sondern auch durch die Mächte der Welt (V.3).

V.6 stellt eine interessante Verbindung her zwischen zwei Festen im Kirchenjahr, die sehr unterschiedlich scheinen: Weihnachten und Pfingsten. Mit der Geburt seines Sohnes sendet Gott zugleich seinen Geist in die Herzen der Menschen, so dass sie Gott wie Kinder anreden können: Abba, lieber Vater! »Ihr seid Kinder Gottes« bekräftigt Paulus hier und verdeutlicht damit gegenüber seinen Gegnern, dass der gegenwärtige Status der nichtjüdischen christlichen Gemeindeglieder in Galatien ausreicht, um die Kindschaft zu erlangen. Als Getaufte haben sie den Geist Gottes schon empfangen.

V.7 schließlich bringt die Conclusio, die sich an alle Leser und Leserinnen richtet, auch an uns: Du bist Kind und damit Erbe. Damit rekurriert Paulus auf Gal 3,29: »Gehört ihr aber Christus an, so seid ihr Abrahams Kinder und nach der Verheißung Erben.« Hier wird die Argumentationsrichtung des Briefes, der in einer konkreten Auseinandersetzung geschrieben wurde, erneut deutlich.

Literatur:
Predigtmeditationen im christlich-jüdischen Kontext, Perikopenreihe VI, Wernsbach 2013, darin: Martin Vahrenhorst, 38 ff.
Michael Wolter, Paulus, Neukirchen 2011
Gottfried Voigt, Homiletische Auslegung der Predigttexte, Göttingen 1989

Weg zur Predigt

Die Kontexte einer Predigt am Heiligen Abend 2023 und des Briefes an die Galater des Paulus sind sehr verschieden. Wo sehe ich Anknüpfungspunkte? Interessant finde ich den Gedanken, dass wir – folgen wir Gal 4,4–7 – an Weihnachten nicht nur die Geburt des Gottessohnes feiern, sondern auch unsere Geburt als Kinder Gottes. Damit ist Weihnachten gewissermaßen auch unser Geburtstag und Weihnachten das Fest der Geburt schlechthin. Wir feiern die Geburt Jesu und unsere eigene als Gotteskinder, und damit auch, dass wir wunderbar und einzigartig und nach Gottes Ebenbild geschaffen sind. Und dieses Wunder, das jeder und jede von uns ist, feiern wir durch den Tausch von Geschenken. (Josuttis, 58) Dieser Gedanke ist gut anschlussfähig für den Gottesdienst am Heiligen Abend und kann die ansonsten in Predigten mitunter gescholtene Praxis der häuslichen Weihnachtsfeier mit geistlichem Gehalt füllen. Interessant ist außerdem, dass die Perikope eine familiäre Metaphorik verwendet: Da ist die Rede vom Kind, der gebärenden Frau, dem Vater. Auch Weihnachten ist das Fest der Familie, mit allen Konflikten, Abgrenzungen, Zugehörigkeitsfragen, die da mit hineinspielen.

Literatur:
Manfred Josuttis, Der Weg in das Leben, München 1991

Predigtthema

An Weihnachten feiern wir die Geburt des göttlichen Kindes im Stall von Bethlehem. Und wir feiern unsere Geburt als Kinder und Erben Gottes.

Vorschläge zur Liturgie

Begrüßung

Herzlich willkommen zu diesem Gottesdienst am Heiligen Abend. Willkommen Ihr Kinder, die Ihr heute ganz aufgeregt seid und euch auf die Geschenke freut. Willkommen Ihr jungen Leute, die Ihr vielleicht Weihnachten etwas kindisch und albern findet und trotzdem irgendwie schön. Willkommen Ihr Erwachsenen, die Ihr hier seid nach der Betriebsamkeit der letzten Tage, unsicher, ob es ein schönes Fest für alle wird, mit der Sehnsucht nach Ruhe. Willkommen Ihr alten Leute, die Ihr vielleicht mit Wehmut an vergangene Zeiten, vielleicht auch mit kindlicher Freude auf Weihnachten zugeht. Willkommen Ihr Alten und Jungen, die Ihr heute niemanden habt, mit dem Ihr feiern könnt. In dieser Stunde feiern wir gemeinsam: das Fest der Geburt. Seid willkommen!

Eingangsgebet

Gott, Wort des Lebens,
die Gestalt eines Kindes nimmst du an,
wirst Mensch wie wir,
wirst Kind wie wir
und machst uns zu Gottes Kindern.
Sprich uns an in diesen Tagen,
weck uns auf,
bewege und belebe uns,
dass wir Liebe spüren,
dass wir Güte schenken
und dass wir froh werden,
durch Jesus Christus, unseren Bruder.
Amen.

Psalm: Ps 89,2.16–29 oder Phil 2,6–11

Lesungen: Jes 9,1–6; Lk 2,1–20

Kyrie

Lasst uns zum Kind in der Krippe gehen,
zu Jesus, dem Sohn Gottes.
Lasst uns dort ablegen alles, was uns belastet:
unsere Angst, unsere Sorgen, unsere Schuld.
Lasst uns Gott um Erbarmen bitten und rufen: Kyrie eleison.

Gloria

»Also hat Gott die Welt geliebt, dass er seinen eingeborenen Sohn gab,
auf dass alle, die an ihn glauben, nicht verloren werden, sondern das
ewige Leben haben.«
Lasst uns lobsingen: Gloria.

Fürbitten

Gott,
wir freuen uns, dass Weihnachten ist.
Wir freuen uns auf Geschenke und Beisammensein,
auf festliche Stunden.
Aber wir haben auch Wünsche,
die nicht mit Geld zu kaufen sind
und für deren Erfüllung unsere Kraft allein nicht reicht.
Wir bringen vor dich unsere Sehnsucht,
dass Frieden auf Erden werde,
Frieden zwischen den Völkern,
Frieden in ... (aktuelle Konflikte benennen),
Frieden zwischen Nachbarn,
Frieden in der Familie.

Wir bringen vor dich unseren Wunsch,
dass Freude sich ausbreite,
Trost für die Einsamen,
Mut für die Traurigen,
Hoffnung für die Verzweifelten.

Wir bringen vor dich unseren Hunger nach Gerechtigkeit,
Ausgleich zwischen Arm und Reich,
Nahrung für die Hungernden,
Schutz und Zuflucht für die Verfolgten.

Unsere Weihnachtswünsche bringen wir vor dich, guter Gott.
So groß unsere Wünsche sind, so weit reicht deine Liebe.
Deshalb ist Jesus Mensch geworden
und hat uns alle zu deinen Kindern gemacht.
Dein Licht gehe auf über uns.
Amen.

Lieder: EG 43,1–4 Ihr Kinderlein, kommet; EG 27 Lobt Gott, ihr Christen alle gleich; EG 37,1–4.9 Ich steh an deiner Krippen hier; EG 44 O du fröhliche

Vorschlag zur Predigt

Möglicher Anfang
Liebe Gemeinde!
An Weihnachten feiern wir die Geburt Jesu. Der Evangelist Lukas schmückt das Ereignis der Geburt Jesu mit vielen Bildern aus. Wir kennen diese Geschichte. Wir haben sie eben in der Lesung gehört. Wir haben Krippenspiele gesehen, vielleicht selber einmal mitgespielt als Maria und Josef oder ein Hirte oder Engel oder König. Wir sehen die Bilder vor unserem inneren Auge: der Stall am Rand der kleinen Stadt Bethlehem, die Krippe mit Stroh, darin das neugeborene Kind, umstrahlt von einem hellen Licht. Die junge Mutter daneben und Josef mit staunendem Blick. Ochse und Esel hinten im Stall. Die Engel auf den Feldern vor Bethlehem, die bei den Hirten erschienen. Und die Hirten, die dann zum Stall eilen, ihre Schafe laufen hinter ihnen her, aufgeregt, aufgeschreckt von diesem Ereignis. Und die Könige aus fernem Lande, exotische Gewänder tragen sie, auf Kamelen kommen sie geritten mit kostbaren Gaben. Ja, so war das, als Jesus geboren wurde. Oder?
Der Apostel Paulus erzählt eine andere Weihnachtsgeschichte.

Zum weiteren Verlauf

Lesung des Predigttextes

So nüchtern, so schlicht, so kühl und kurz kann man die Geschichte also auch erzählen. Zu einem bestimmten, von Gott bestimmten Zeitpunkt schickt Gott seinen Sohn auf die Welt. Er wird von einer Frau geboren, ganz normal, wie wir alle, wie jeder Mensch. Er ist also ganz Mensch. Er unterliegt den Gesetzen der Welt wie wir. Und er hat doch Gott zum Vater. Und wir, die wir Christen und Christinnen sind, getauft und konfirmiert, wir alle, die wir heute in den Gottesdienst gekommen sind, weil wir Weihnachten feiern wollen, wir sind durch Jesus auch zu Kindern Gottes geworden. Das ist der Clou. Wir feiern heute also nicht nur die Geburt Jesu. Wir feiern auch unsere Geburt als Kinder Gottes! Wir haben Gottes Geist in uns. Wir sind nicht mehr Knechte, sagt Paulus. Wir sind nicht mehr unmündig oder abhängig. Wir sind Kinder und Erben Gottes.

Wir sind Kinder Gottes. Aber was heißt das genau? Und was ist so gut daran, Kind Gottes zu sein? Kind Gottes sein heißt, so sagt es Paulus, dass wir zu Gott rufen können: »Abba, lieber Vater!« Wir können also wirklich zu Gott kommen wie Kinder zu ihren Eltern. Wie ein Kind, das sich wehgetan hat, zu seiner Mutter oder seinem Vater läuft und getröstet werden will. Wie ein Kind, das schlecht geträumt hat und nachts aufwacht und nach seinen Eltern ruft. Mit allem, was uns Angst macht, mit unseren Sorgen, mit unserer Traurigkeit können wir zu Gott kommen wie ein Kind zu seinen Eltern. Das heißt: Es ist immer jemand da für uns. Auch in den vermeintlich einsamen und dunklen Stunden unseres Lebens ist Gott da und wir können uns so an ihn wenden: Abba, das heißt Papa, lieber Vater!

Aber ist das denn wirklich so erstrebenswert, Kind zu sein? Kind sein heißt ja auch, abhängig zu sein, nicht alles selbst zu können. Und wir erleben, wie viele Kinder gar keine schöne Kindheit haben, weil es niemanden gibt, dem sie wirklich vertrauen können, oder weil sie im Krieg und auf der Flucht gar nicht richtig Kind sein können. Was also ist so toll daran, dass wir Gottes Kinder sind? Dass wir sogar als Erwachsene Kinder Gottes sind? Wir sind doch gerne selbständig und autonom und haben alles im Griff – und merken zugleich immer wieder, wie wenig das stimmt. Das ist eine Illusion. Auch wir Erwachsene sind abhängig von allem Leben um uns herum und letztlich auch von Gott. Nicht um einen einzigen Atemzug können wir unser Leben verlängern, wenn unsere Zeit um ist.

Also: Was ist erstrebenswert daran, Kind Gottes zu sein? Kind Gottes sein, heißt: Meine Verantwortung ist begrenzt. Ich weiß, dass ich abhängig bin. Ich muss nicht perfekt sein. Ich bin nicht deshalb auf der Welt, weil ich so viel leiste und kann. Ich muss nicht immer Recht haben und mich durchsetzen. Wenn ich krank und schwach bin, ist das kein Fehler oder Versagen. Ich bin geliebt, ich darf so sein, wie ich bin, weil ich Gottes Kind bin. Und eben nicht nur ich. Wir alle. Auch die nervige Patentante. Auch der 15-Jährige, der mit den Eltern ständig im Streit liegt. Auch der faule Kollege, wegen dem ich mehr arbeiten muss. Und natürlich auch mein wunderbarer Ehemann. Die geliebte Oma. Die tolle Chefin, die sich vor ihre Mitarbeitenden stellt. Alle sind geliebte Kinder Gottes. Und auch die Frau, die aus Afghanistan geflohen ist und Schutz sucht bei uns. Der Mörder, der seine Strafe absitzt. Und die Soldaten, die sich als Feinde gegenüber stehen. Alle sind geliebte Kinder Gottes. Das ist schwer zu verstehen, manchmal auch schwer auszuhalten. Aber wie gesagt: Das hat Gott so gewollt. Und auch mich mit meinen Schwächen und Stärken hat er so gewollt.

Kind Gottes sein heißt aber auch: Meine Verantwortung ist unbegrenzt. Ich bin als Kind auch Erbe, das heißt, ich erbe alles. Gottes ganze Schöpfung. Wie kann ich da sagen: Der Krieg in der Ukraine geht mich nichts an? Dafür sind die Politiker verantwortlich! Oder: Was kümmert es mich, dass so viele Menschen aus ihren Heimatländern fliehen müssen? Oder: Ich weiß, dass die Nachbarin allein lebt, aber wieso soll ausgerechnet ich mal bei ihr vorbeischauen? Oder: Wenn ich ein bisschen weniger Auto fahre, das rettet das Klima auch nicht!

Als Kinder Gottes erben wir alles. Wir können uns nicht aus der Verantwortung für die Welt stehlen. Aber wir wissen dabei auch: Unsere Kraft ist begrenzt. Und wir sind nicht allein. Übernehmen wir also da Verantwortung, wo wir können. Denn da, wo wir es können, sollen wir es auch tun. Wir sind Erben der ganzen Schöpfung. Wir können dieses wundervolle Erbe doch nicht verkommen lassen.

Wir sind Kinder Gottes. Das besondere an Kindern ist, dass sie staunen können, dass sie neugierig und offen die Welt entdecken. Dass sie sich über kleine Wunder freuen können. Und dass sie spielen und lachen, auch wenn ihr Leben alles andere als perfekt ist.

Werdet wie die Kinder, hat Jesus zu seinen Jüngern gesagt. Ich glaube, er hat damit genau das gemeint: Bleibt offen. Bleibt lebendig. Strahlt Freude aus! Gott schenkt euch diesen Tag. Er macht euch zu seinen

Kindern. Nein, die Welt ist alles andere als perfekt. Auch nicht heute, an diesem Heiligen Abend. Aber wir sind hier, miteinander, als Geschwister und Kinder Gottes. Gott schenkt uns diesen Tag.

Möglicher Schluss

Gott schenkt uns diesen Tag. Den Geburtstag Jesu. Und unseren Geburtstag als Kinder Gottes. Wenn wir gleich nach Hause gehen und die Geschenke auspacken, wollen wir das nicht vergessen. Das größte Geschenk sind wir füreinander. Wir, die große Familie der Kinder Gottes. Vielleicht sagen Sie, sagt Ihr das mal nachher zueinander: Danke, dass du da bist! Dass du für mich da bist, danke, dass wir heute zusammen sein können. Und wenn Sie wissen oder ahnen, dass da in Ihrer Nachbarschaft vielleicht heute jemand allein ist, was hindert Sie, mal vorbeizugehen und zu klingeln? Mit ein paar Plätzchen oder einer kleinen Kerze frohe Weihnachten zu wünschen?
Danke, dass Sie alle heute hier sind!
Amen.

Symbole, Aktionen

Man kann nach der Predigt die Gottesdienstteilnehmenden einladen, sich ihren Platznachbarn zuzuwenden und die Hand zu reichen mit den Worten: Danke, dass du da bist!
Am Ausgang kann man Kerzen verteilen mit der Einladung, sie am Weihnachtsfest zu jemandem zu bringen, der allein oder traurig ist.

Kontexte, Tipps zum Text

Im Übrigen meine ich, möge der Herr uns weiterhin zu den Brunnen des Erbarmens führen, zu den Gärten der Geduld und uns mit Großzügigkeitsgirlanden schmücken. Er möge uns weiterhin lehren, das Kreuz als Krone zu tragen und darin nicht unsicher zu werden, soll doch seine Liebe unsere Liebe sein. Er möge in unser Herz eindringen, um uns mit seinen Gedankengängen zu erfrischen. Um uns auf Wege zu führen, die wir bisher nicht betreten haben aus Angst und Unwissenheit darüber, dass der Herr uns nämlich aufrechten Ganges fröhlich sehen will. Weil wir es dürfen und nicht nur dürfen, sondern auch müssen. Wir müssen endlich damit anfangen, das Zaghafte und Unterwürfige abzuschütteln. Denn wir sind ja Kinder Gottes: Gottes Kinder! Und jeder soll es sehen oder ganz erstaunt sein, dass Gottes Kinder so leicht und fröhlich sein können. Und sagen: Donnerwetter! Jeder soll es sehen und jeder soll nach Hause laufen und sagen: er habe Gottes Kinder gesehen. Und die seien ungebrochen freundlich und heiter gewesen, weil die Zukunft Jesus heiße und weil die Liebe alles überwindet und Himmel und Erde eins wären und Leben und Tod sich vermählen und der Mensch ein neuer Mensch wird durch Jesus Christus.

Hanns Dieter Hüsch, Führen und Leiten, aus: Hanns Dieter Hüsch/Michel Blum: Das kleine Buch zum Segen, © tvd-Verlag, Düsseldorf 1998, 32

Du bist ein Kind Gottes. Wenn du dich klein machst, dient das der Welt nicht. Es hat nichts mit Erleuchtung zu tun, wenn du schrumpfst, damit andere um dich herum sich nicht verunsichert fühlen. Wir wurden geboren, um die Herrlichkeit Gottes zu verwirklichen, die in uns ist. Sie ist nicht nur in einigen von uns, sie ist in jedem Menschen. Und wenn wir unser eigenes Licht erstrahlen lassen, geben wir unbewusst anderen Menschen die Erlaubnis, dasselbe zu tun. Wenn wir uns von unserer eigenen Angst befreit haben, wird unsere Gegenwart ohne unser Zutun andere befreien.

Nelson Mandela in einer Rede 1984

Christnacht
Lk 2,1–20

Joachim Deterding

Erste Begegnung mit dem Text

Die erste Reaktion fällt ähnlich aus wie bei vielen Bearbeiter*innen dieses vielleicht am häufigsten gepredigten Textes in der Geschichte des
Christentums: Was soll ich da noch Neues sagen? Aber ich mag mich
von diesem Gedanken nicht davon abhalten lassen, mich aufs Neue
und intensiv mit der Menschwerdung Gottes auseinanderzusetzen.
Schließlich geht es bei der Predigt weniger um allgemeingültige Wahr-
heiten als um die Bedeutsamkeit eines Bibeltextes in einer bestimmten
historischen Situation.

Zur Zeit meiner Bearbeitung dieses Textes ist der Krieg in der Ukraine in vollem Gange. Es steht zu befürchten, dass er auch beim Weihnachtsfest zum Ende des Jahres noch nicht beendet ist; mindestens
aber wird er in den Gedanken der Menschen noch präsent sein. Die
Worte ›Friede auf Erden‹ sprechen mich also als allererstes an, weil sie
eine tiefe Sehnsucht berühren: die Sehnsucht nach Frieden, Heil-Sein,
Harmonie, Glück und dem Ende der Herrschaft der Gewalt.

Aber auch die Gefühle aus verschiedenen Lebensphasen tauchen wie
selbstverständlich auf: die gespannte Vorfreude der Kindheit, in der
Adoleszenz, dann die innere Abwehr gegen das kommerzialisierte Fest,
in der eigenen Familienphase, dann die Angespanntheit, den Beruf als
Pfarrer unter einen Hut zu bringen mit dem Versuch, nun den eigenen Kindern ein schönes und harmonisches Weihnachten zu bereiten,
schließlich aber auch die vielen Konflikte an diesem emotional überla-
denen Fest, die sich ja nicht nur in Polizeistatistiken spiegeln, sondern
Teil der eigenen Erfahrung sind.

Exegetische Skizze

Zunächst: Das Thema einer jungfräulichen Geburt ist der Bibel völlig fremd. Im Gegenteil: Gott wird in einer so radikalen Weise Mensch, dass ein Fehlen des Zeugungsaktes die Menschwerdung geradezu negieren würde. Inwieweit die Behauptung der Jungfrauengeburt nicht schlicht der Versuch ist, weibliche Sexualität grundlegend zu diskreditieren (wofür gute Argumente sprechen!), mag für unseren Text dahingestellt bleiben; Lukas ist am Thema Sexualität nicht interessiert.

Der Friede auf Erden, den ich anfangs wie selbstverständlich auf die politische Situation in Europa bezogen habe, ist mit Gollwitzer aber doch deutlich als Friede zwischen Gott und den Menschen zu verstehen! Selbstverständlich ergibt sich daraus auf der Handlungsebene die Aufforderung, nun auch untereinander Frieden zu suchen und zu halten – aber zunächst geht es um die Versöhnung zwischen Gott und jedem einzelnen Menschen: »Euch ist heute der Retter geboren« – und zwar jedem einzelnen von euch.

Weg zur Predigt

Uhrzeit und Atmosphäre bedingen eine kurze Predigt!
Der Text fordert geradezu eine Erzählung.

Predigtthema

Gott wird Mensch, um dir und mir den Frieden zu bringen.

Vorschläge zur Liturgie

Dieser Gottesdienst eignet sich in besonderem Maße dafür, von der üblichen Liturgie abzuweichen und ganz auf die atmosphärische Dichte des Wechsels von Liedern, Chor und Texten zu setzen. Wo es möglich ist, ist die Bitte an einen Chor um Mitgestaltung gut. Einzelne liturgische Elemente wie Psalmgebet oder Fürbittengebet können gut durch Texte aus der ja sehr unfangreichen Literatur ersetzt werden. Anbieten würde sich auch eine abschnittsweise Lesung der Weihnachtsgeschichte (z. B.: 1–7; 8–12; 13–16; 17–20), unterbrochen jeweils durch Musik. So entsteht ein Wechsel von Texten, Gemeindeliedern und Chorstücken, der zu einem emotional sehr besonderen Erlebnis zum Ausklang des Heiligen Abends werden kann.

Votum

Wir feiern Gottesdienst im Namen des Vaters, der sich in all seiner Macht entschieden hat, Mensch zu werden, im Namen des Sohnes, geboren von einer jungen Frau in einfachen Verhältnissen, und im Namen der Geistkraft Gottes, die uns das Wunder der Menschwerdung immer wieder neu nahebringen will; im Namen des Vaters und des Sohnes und des Heiligen Geistes. Amen.

Psalm: Umdichtung zu Ps 24

Lesungen: Lk 2,1–20; Jes 9,1–6; Jes 40,1–11

Fürbitten

Gott Vater,
zu uns und für uns bist du in diese Welt gekommen.
Hilf uns begreifen, was damals in dem Stall in Bethlehem geschehen ist,
damit in unseren Herzen Weihnachten werde.
Gott Vater,
in die Dunkelheit der Welt bist du gekommen
mit der Botschaft deiner Engel:
und Friede auf Erden.
Wir bitten dich für die Menschen,
die unter einem Krieg und seinen Folgen leiden:
Lass die Verantwortlichen endlich Einsicht gewinnen,
damit dein Wille nach Frieden für uns endlich Realität werden kann.
Gott Vater,
du bist als Armer unter den Armen in die Welt gekommen.
Wir bitten dich für die, die Hunger leiden in dieser Welt,
die doch genug für alle hätte.
Steh uns bei in unserem Eintreten für mehr Gerechtigkeit,
damit letztlich das Leben die Oberhand behält

gegen die Mächte des Todes.
Gott Vater,
lass dieses Weihnachtsfest einen Ort der Ruhe
und des inneren Friedens für uns werden,
damit wir Zuversicht und Kraft schöpfen können
für den oft grauen Alltag, der vor uns liegt.

Lieder: EG 16 Die Nacht ist vorgedrungen; EG 21 Steht auf und erhebt eure Häupter; EG 36 Fröhlich soll mein Herze springen; EG 37 Ich steh an deiner Krippen hier; EG 39 Kommt und lasst uns Christus ehren; EG 44 O du fröhliche

Vorschlag zur Predigt

Möglicher Anfang

Er hatte die Faxen diesmal echt dicke. Dabei hatte doch alles so schön angefangen, damals, als er die Welt schuf. Und jetzt? Alles verwüstet. Krieg und Mord überall ... anscheinend konnten die Menschen mit zu viel Frieden und Harmonie nicht umgehen. Immer wieder hatte er sie ermahnt durch seine Boten. Immer wieder hatte er sie dazu angehalten, besser miteinander umzugehen. Immer wieder hatte er ihnen sagen lassen: Ihr müsst miteinander leben, nicht gegeneinander. Die Starken müssen auf die Schwachen aufpassen, ihnen helfen, für sie da sein. Und immer wieder waren die Menschen von diesem Weg abgekommen. Nicht einmal die Zehn Gebote hatten dauerhafte Besserung bewirkt. Naja, er könnte die Erde wieder ertränken – wie seinerzeit bei der großen Sintflut. Aber er hatte ja versprochen, dass er das niemals wieder tun würde. Und ein wortbrüchiger Gott? Nein, das ging gar nicht. Es half alles nichts. Er würde selber hinunter müssen auf die Erde. Als Mensch mit den Menschen leben und ihnen den Frieden auf die Erde bringen. Sonst würden die sich am Ende noch alle gegenseitig umbringen; die Hölle auf Erden sozusagen.

Zum weiteren Verlauf

Maria hielt sich den Unterleib. Erst die ungeplante Schwangerschaft – und jetzt auch noch diese beschwerliche Reise. Natürlich freute sie sich auf ihr gemeinsames Kind, auch wenn die Unsicherheit groß war; schließlich war das alles Neuland für sie. Aber in ihren Gebeten hatte sie Gott so verstanden, dass er bei ihr sein würde, dass er auf sie aufpassen würde, dass sie ein ganz besonderes Kind gebären würde. Sie blickte hinüber zu Josef, der vor ihr herging und den Esel an der Leine führte. Sie liebte ihn von Herzen, und er liebte sie von Herzen. Er würde ein guter Vater sein, zärtlich und liebevoll. Sie bereute es nicht, schon vor der offiziellen Heirat schwanger von ihm zu sein, sie waren schließlich nicht die ersten, bei denen das so war. Es beruhigte sie, ihn so nahe zu wissen. Er war so ruhig und verständnisvoll. Sie hatte eine gute Wahl getroffen.

Immer wieder gingen ihre Gedanken zurück an jenes intensive Gebet. Es waren schon ziemlich aufwühlende Momente gewesen. Sie musste danach singen, wie sie es so oft tat, wenn etwas aus ihr herausmusste. Von ihrer Freude hatte sie gesungen und ihrer Hoffnung, von Gottes Größe und Güte – und davon, dass er selbst dem Unrecht und der Ungerechtigkeit ein Ende setzen würde. All die Hoffnung hatte sie tief in sich empfunden, die mit dem Entstehen eines neuen jungen Lebens zusammenhing. All die Hoffnung, die seit dem Beginn der Schöpfung in einer Geburt lag. Gott würde sie nicht allein lassen, da war sie sich sicher.

Josef dachte voller Liebe an Maria. Wie gut sie dieser Belastung doch standhielt! Klar war diese Reise völlig unnötig – aber die Römer hatten nun mal das Sagen, da konnte man nichts machen. Und irgendwo würden sie schon eine Unterkunft finden in Bethlehem. Sie brauchten keinen Luxus, nur ein Dach über dem Kopf, etwas zu essen und zu trinken und wohl auch einen Ort, an dem Maria ihr Kind zur Welt bringen konnte. Er bewunderte sie dafür, dass sie völlig klaglos mitmachte. Immerhin war sie eine junge Frau, und das war die erste Geburt, die ihr bevorstand. Aber sie strahlte die ganze Zeit eine ruhige Zuversicht aus. Das mochte Josef sehr an ihr!

Er hatte sich entschieden. Ja, er würde zur Erde hinunter gehen müssen. Und er würde den Weg eines Menschen gehen – den ganzen Weg! Von der Zeugung bis zum Tod. Er würde nichts auslassen, in all seiner göttlichen Allmacht würde er Ernst damit machen, als Mensch unter Menschen zu leben. Mit allen Freuden und mit allen Leiden, die damit verbunden waren. Vielleicht würde dieses Beispiel ihnen ja auf die

Sprünge helfen. Nicht mehr nur schriftliche Regeln auf Tontafeln, sondern lebendiges Vorbild würde er sein, als Allmächtiger ohnmächtig werden. Und er würde das in seinem Volk tun, in Israel. Klar war das nur am Rande der wirklich bedeutsamen Welt, aber hier hatte es angefangen, und von hier aus müsste die Besserung der Welt losgehen. Und ja, er hatte sich entschieden, nicht als Machthaber auf die Welt zu kommen, sondern als einfacher Mensch. Einer wie du und ich, wie man auf der Erde gerne sagte. Er würde sich ankündigen müssen, aber dafür würde er schon die passende Art finden. Vielleicht irgendwo draußen vor den Toren der Stadt, in der Einsamkeit. Dort waren die Menschen oft viel empfänglicher für seine Botschaften als mitten in der Geschäftigkeit von Dörfern oder Städten. Er hatte sich entschieden. Er würde es tun. Vom Anfang bis zum Ende.

Er glaubte seinen Augen nicht. So ein helles Licht hatte er noch nie gesehen! Hier, mitten in der Nacht auf den Weiden seiner Schafe. Benommen von der plötzlichen Helligkeit sah er hinüber zu seinen Kollegen. Auch sie hatten es wahrgenommen und starrten der Erscheinung hinterher. Schnell rückten sie zusammen. »Hast du das gesehen?« »Hast du das gehört?« Da war diese Lichterscheinung gewesen. Ganz ruhig hatte sie geredet – oder waren die Worte in ihren Köpfen entstanden, ohne dass die Gestalt geredet hätte? Sie wussten es nicht. Aber gehört hatten sie alle dasselbe: »Fürchte dich nicht. Große Freude bringe ich euch. Im Stall in der Krippe werdet ihr ein Kind finden. Es ist Gott selbst, der euch zum Heil Mensch geworden ist. In Windeln liegt es dort. So weit geht Gott, um sich mit euch Menschen zu versöhnen. Eilt, geht hin, seht es selbst!«
Und sie gingen hin und sie sahen. Sie konnten es immer noch nicht fassen. Gott – Mensch. Zu Versöhnung, zum Frieden. Warum kam er ausgerechnet zu ihnen? Sie waren doch gar nicht besonders fromm. Aber sie hatten begriffen, dass der Engel sie genau deshalb ausgewählt hatte. Eben weil sie nicht schon alles über Gott zu wissen glaubten. Weil sie sich noch überraschen ließen von einer Botschaft, auf die sie gar kein Anrecht zu haben glaubten. Weil Gott eben Gott für alle war, auch für sie! Und dann ausgerechnet Krippe und Windel. Seltsame Hoheitszeichen für einen menschgewordenen Gott. Aber ja, genau das machte ihn aus: Er wollte nicht der Gott der Reichen sein, der die Verhältnisse so ließ, wie sie waren. Er wollte vor allem ein Gott sein, der die

Gerechtigkeit zurück auf die Welt brachte. Und diese Gerechtigkeit war ja vor allem für die armen Leute wichtig – für Leute wie sie.

Möglicher Schluss

Maria schaute sich das alles an. So viel war an diesem Abend passiert. Die lange Suche nach einer Herberge. Schließlich dieser Stall – sie hätten es echt schlechter treffen können, immerhin war es hier trocken und sie hatten ein Dach über dem Kopf. Dann die Geburt. Es sei eine leichte Geburt gewesen, hatten die anderen gesagt, aber ehrlich gesagt: Leicht fühlt sich anders an. Und dennoch war sie überglücklich über ihr gesundes kleines Kind, das sie nun in den Armen hielt. Neben ihr saß Josef, und sein verliebter Blick sagte ihr, dass alles gut war. Und dann diese Fremden – zuerst hatte sie etwas Angst gehabt vor diesen rauen Gestalten, aber dann bestätigten sie ihr nur, was sie in ihren Träumen und Gebeten selbst schon wahrgenommen hatte: Dass in diesem Kind Jesus Gott selbst Mensch geworden war. Müde legte sie ihren Kopf an Josefs Schulter. Sie würde über vieles nachdenken müssen. Die vielen Worte, die sie heute gehört hatte, kamen ihr in den Sinn. Sie brauchte Zeit, um ihren tieferen Sinn zu verstehen. Friede mit Gott. Friede auf der Erde hallte es in ihren Gedanken nach, und sie schlief schließlich mit dem seltsam glücklichen Gefühl ein, für diesen Frieden heute viel getan zu haben.

Er blickte zurück. War es tatsächlich schon über 2000 Jahre her, dass er unter den Menschen gelebt hatte? Er kann ins Grübeln. Naja, das ein oder andere hatten sie ja damals von ihm gelernt. Aber war es wirklich besser geworden? Was sollte er diesmal tun, um seine Menschen davon zu überzeugen, dass sie nicht nur Frieden mit ihm brauchten, sondern auch Frieden untereinander und Frieden mit ihrer Erde? Wie sollte er ihnen bloß beibringen, mit sich selbst und mit ihren Mitmenschen und mit seiner Schöpfung schonend umzugehen?
Er würde sich etwas einfallen lassen müssen.

Gestaltungsidee

Bei dieser Art der erzählerischen Predigt bietet es sich an, sie mehrfach musikalisch zu unterbrechen, damit die Gottesdienstbesucher*innen Zeit finden, ihren eigenen Gedanken nachhängen zu können.

Symbole, Aktionen

Ein kleiner Engel als Give-away ist natürlich am Weihnachtsabend eine gute Möglichkeit. Er kann als Erinnerung daran dienen, dass Gott es immer noch gut mit uns meint – trotz allem und immer wieder.

Kontexte und Tipps zum Text

Texte von Hanns Dieter Hüsch, Uwe Seidel und anderen Autor*innen, z. B.

Hüsch: Das Schwere leicht gesagt oder Seidel/Hüsch: Ich stehe unter Gottes Schutz.

1. Weihnachtsfeiertag
Ex 2,1–10

Hans-Jürgen Kant

Erste Begegnung mit dem Text

Es war einmal ein Samstagmorgen im Pfarrhaus in Wernigerode. Wir saßen als Familie um den Frühstückstisch: Mutter, Vater, drei Töchter. Es wurde hin und her palavert und geredet. Die Woche kam auf den Tisch, frische Brötchen auf den Teller.

Plötzlich unterbrach Henrike meinen Redefluss: »Papa, predigst du jetzt oder sagst du die Wahrheit?« Die Runde lacht. Erstaunt schauen wir die damals Neunjährige an.

Ich weiß nicht mehr, wovon ich – wahrscheinlich im Brustton der Überzeugung – gesprochen habe. Henrike jedoch muss gespürt haben, dass das, was ich da erzählte, über das Faktische hinausging. Wie in so manchen Predigten, die sie als Heranwachsende bei uns Eltern im Gottesdienst hörte.

Die Geschichte über Moses Geburt ist keine historisch nachprüfbare Lebensepisode. Ihre Wahrheit liegt auf einer anderen Ebene. Sie erzählt davon, wie das Große ganz klein beginnt. Und dass der, der zum Retter seines Volkes werden soll, erst einmal selbst gerettet werden muss.

Es wundert mich, dass diese Perikope nicht schon längst verbindlich zu predigen ist. Sie begegnete uns früher als Marginaltext am 1. Sonntag nach dem Christfest. Dabei liegen die Linien vom Mosekind am Fluss hin zum Jesuskind in der Krippe auf der Hand: Beide Geschichten werden erzählt, weil Mose und Jesus als Erwachsene bedeutsam sind. Und klar ist auch: Gott hat die Macht. Nicht der Pharao und nicht Herodes! Mit den Schwachen verändert Gott subversiv die bestehenden Verhältnisse. Wartet nur, bis das Kind erwachsen ist!

»Predigst du oder erzählst du die Wahrheit?« Henrike ist inzwischen selbst Pfarrerin geworden. Ich hoffe sehr, dass sie weiterhin Worten vertraut, aber auch kritisch genau hinhört. Denn Worte haben Macht. Sie können beides: Trösten und bezaubern, Wirklichkeit konstatieren, aber auch täuschen und verblenden und der Machtausübung dienen.

Exegetische Skizze

Die Bibel erzählt gern aus der Kindheit berühmter Personen: Nicht zuletzt jetzt zu Weihnachten, wie Jesus in Bethlehem geboren und vor den mörderischen Plänen des Königs Herodes gerettet wurde.

Der Predigttext heute erzählt von Mose. Wie alle hebräischen Jungen ist er in großer Gefahr. Doch die Schwierigkeiten und Nachteile wandeln sich zum Guten.

Historisch wahr sind diese Geschichten eher nicht. Auch den Ort mit der Bezeichnung »Schilfmeer« wird niemand finden. Die Versuche, den Pharo des Exodus zu identifizieren, scheitern, stellt Christoph Dohmen (Exodus 1–18, Freiburg, Basel, Wien 2015) fest. Ägypten und Exodus sind Projektionen aus späterer Zeit.

Das 2. Buch Mose knüpft mit dem Rückverweis auf Jakobs Söhne an die Geschichten der Erzeltern und die ihnen und ihren Nachkommen von Gott gegebene Landverheißung an. Inzwischen sind aus den einst wohlversorgten und privilegierten Israeliten in Ägypten Sklaven geworden. Weil der Pharao aus Angst um seine Herrschaft alle neugeborenen hebräischen Jungen töten lässt (die Träger der Landverheißung!), macht er sich Gott JHWH selbst zum Feind.

Hier setzt der Predigttext ein. Er ordnet Mose ein in die große genealogische Linie von Verheißung und Segen, die im Buch Genesis beginnt: Er ist ein Nachkomme Levis mütterlicherseits und väterlicherseits. Die Namen seiner Eltern werden erst später genannt (Amram und Jochebed, Ex 6,20). Sie spielen in der Geburtsgeschichte keine Rolle. Wichtig ist: Das Kind wird ausgesetzt, um es vor dem Tötungsbefehl des Pharaos zu bewahren. Der abgedichtete Korb in Vers 3 (es ist das hebräische Wort, das auch für die Arche in Gen 6–9 verwendet wird) kommt nicht aufs Wasser, sondern ins Schilf am Ufer. Die große Schwester des Moses (Mirjam heißt sie, erfahren wir Ex 15,20) greift ein, als sie sieht, wie das Weinen des Jungen das Herz der Tochter aus dem Herrscherhaus rührt. Sie bringt klug die Mutter als Amme wieder ins Geschehen. Die Pharaonentochter ist bereit, als Adoptivmutter zu fungieren. So hat das Kind nun zwei Mütter und erlebt eine doppelte kulturelle Zuordnung.

Das macht auch die Namensgebung des Kindes spannend: Das Kind wird von der Pharaonentochter Mose genannt aus einer hebräischen Etymologie heraus (V.10): »Ich habe ihn aus dem Wasser gezogen.« Zudem ist der Namen auch im Ägyptischen bekannt und bedeutet dort so viel wie »Sohn«, meist im Zusammenhang mit Gottesnamen. Neben dieser doppelten Zuordnung des Moses zu Ägypten und Israel kommt ein weiterer sprachlicher Aspekt, den Martin Buber (Mose, Zürich 1948, 43 f.) benannt hat: Der Herausgezogene ist zugleich ein Herauszieher! Der aus dem Schilf geholt wurde, wird später das Volk durch das Schilfmeer führen. Der in das Innerste einer fremden Kultur taucht, wird später das eigene Volk dort herausziehen.

Wie die Gestalt des Moses ist die ganze Episode mehrschichtig: Angefangen bei den literarkritischen Fragen nach Quellenscheidungen, nach einem nichtpriesterlichen Text, der später priesterlich überarbeitet wurde bis hin zur Bedeutung, die die Sargon-Legende für die Niederschrift von Ex 2,1–10 hatte. Wenn die Moseepisode gegen die Sargonlegende eine exilische Hoffnungsgeschichte ist, ein Gegenentwurf zur neuassyrischen Herrschaftslegitimation, dann ist sie auch eine subversive Widerstandsgeschichte gegen die Assyrer. Sie legitimiert nicht die Königsherrschaft wie die Sargonlegende, sondern befreit aus der Königsherrschaft einer Hegemonialmacht. Und noch etwas verdient Beachtung: Es sind beherzte Frauen, die Mose retten: die Mutter, die Schwester, eine Pharaonentochter und ihre Dienerinnen.

Weg zur Predigt

Weihnachten ist die Zeit, um auf Anfänge zurückzuschauen! Auf den Retter Jesus Christus, der im Wort von Anfang an da war und der nun in die Welt kommt (Evangelium), um uns selig zu machen (Epistel) und der – wie verheißen – sichtbar wird für alle (alttestamentliche Lesung). In der Geburts- und Errettungsgeschichte hören wir, wie Mose der geworden ist, den Gott gebraucht hat als Retter für sein Volk.

Alles beginnt klein und unscheinbar. Klug handelnde Frauen sind am Werk. Sie sehen, dass dieses Kind »gut« ist (*tov*), wie alles, was Gott geschaffen hat am Anfang in Genesis 1. Sie lassen sich durch das Weinen dieses Kindes berühren. Hebräische und ägyptische Frauen kooperieren subversiv am Schilf des Flusses gegen die mörderische Politik des Pharaos – voller Mut und Widerstandswillen. Alles wird sich verändern. Gott wird den Sieg davontragen.

Predigtthema

Wie einer wird, was er ist. Oder: Alles muss klein beginnen!

Vorschläge zur Liturgie

Votum
Im Namen Gottes, der in seiner Liebe mächtig ist.
Im Namen des Sohnes, der als Kind in einer Krippe liegt.
Im Namen des Geistes, der uns in Gottes Nähe führt.

Psalm: Ps 118 statt Wochenpsalm 96

Kyrie
Wie oft sehen unsere Augen nur das Große und Gewaltige.
Schenke uns, Gott, einen Blick für das Kleine und Schwache.
Auf die Anfänge im Verborgenen.
Du wirst sie zum Ziel führen.

Gloria
Gott, du bist als Kind in unsere Welt gekommen.
Du rührst uns an.
Weckst Erbarmen und Sehnsucht.
Setzt einen Anfang.

Eingangsgebet
Du bist ein Gott, der rettet –
von Anbeginn an.
Mach uns zu deinem Werkzeug:
Schenke uns Phantasie und Mut.
Gib uns die nötige Kraft.
Und das Vollbringen zu unserem Wollen.

Fürbitten

Wir beten zu Gott, der erretten will:
Für die Kinder, die in Gefahr sind durch die Umstände,
in denen sie leben: in Krieg, Naturkatastrophen, Unterdrückung.
Für die Kinder, die in schwierigen Verhältnissen aufwachsen:
in zerrütteten Familien, in Heimen, auf der Flucht, auf der Straße.
Für die Kinder, die traumatisiert sind,
die Übergriffe auf ihren Körper und ihre Seele erleben mussten.
Für die Kinder, die es schwer mit sich haben,
mit ihren Geschwistern und Eltern.
Für das Kind in uns, die wir erwachsen sind: dass wir es achtsam und
mit Liebe anschauen.

Lieder: Alles muss klein beginnen, in: Das Kindergesangbuch, München 2018; EG 24 Vom Himmel hoch, da komm ich her, insbesondere Strophen 9–15; EG 52 Wisst ihr noch, wie es geschehen?; EG 33 Brich an, du schönes Morgenlicht

Vorschlag zur Predigt

Möglicher Anfang

»Das hätte man doch schon ahnen können, als er noch ein Kind war!«
»Das ist ihr bestimmt in die Wiege gelegt worden!« So heißt es, wenn eine Frau oder ein Mann Bedeutendes geleistet und bewirkt haben. Das muss doch schon aufgeleuchtet sein ganz am Anfang, was einmal wird mit diesem Kind!
Wir haben uns gestern Abend die Geschichte des Kindes erzählt, das in Bethlehem in einer Krippe liegt: Jesus. Gott kommt in einem schwachen Kind auf die Erde. Er wird Mensch unter einfachen Menschen. So will Gott die Welt retten und aufbrechen auch mit uns.
Heute Morgen am 1. Weihnachtsfeiertag geht es um ein Kind in einem Kästchen, das aus dem Wasser gezogen wird. Erwachsen geworden wird dieser Gerettete aufbrechen aus dem Land des Pharaos und die Israeliten durch das Schilfmeer in die Freiheit führen. Gott bleibt seinem Versprechen treu und verwandelt Hoffnungslosigkeit in Zukunft.
Dass Gott mit Mose einmal etwas Besonderes vorhat, zeigt sich schon am Anfang, in dieser seltsamen Geschichte.
Textlesung Ex 2,1–10

Zum weiteren Verlauf

Ein Mann aus dem Stamm Levi, so heißt es, nimmt ein Mädchen zur Frau. Sie wird schwanger und bekommt einen Sohn. An dem ist alles gut. Wie am Anfang der Schöpfung. Was für ein Glück! Aber auch: Was für ein Unglück! Denn der Pharao will, dass alle hebräischen Jungen in Ägypten getötet werden. Er sieht seine Macht bedroht, er hat Angst vor einer Überfremdung seines Volkes durch die Israeliten. Davor, dass sein Thron wankt. Wie kann die Mutter ihren Sohn retten? Gibt es eine Chance für ihn mitten in der Todesgefahr?

Wie geschieht Rettung, auch da, wo ich mich fürchte? Was rettet uns Menschen, wo es Katastrophen gibt und Kriege, wo unser Planet zerstört wird, wo die Unvernünftigen und Diktatoren das Sagen haben? *(Wie sieht unsere Welt aus im Dezember 2023, was belastet uns?)*

Aus der Geschichte von der Rettung des Moses höre ich: Die Liebe einer Mutter verbindet sich mit Gottes Plänen. Liebe, Zuwendung, Empathie retten.

Die Mutter nimmt das Heft des Handelns in die Hand. Sie behält Hoffnung. Tut das, was sie kann. Sie vertraut darauf, dass das Rettende wächst inmitten der Gefahr. *(Welche kleinen Anfänge großer Veränderungen sind Ihnen als Predigerin und Prediger vor Augen? Ich denke an die Frauenbewegung vor über 100 Jahren in Deutschland, an die Veränderungen in der DDR Ende der 80er Jahre, an die fünfzehnjährige Greta Thunberg, die mit ihrem Schulstreik eine große Bewegung auslöste. Ob sich aus kleinen Anfängen auch ein Frieden in der Ukraine entwickelt hat oder wenigstens die Waffen schweigen?)*

Liebe macht erfinderisch. Die Mutter baut eine kleine Überlebensarche für ihren Jungen. Sie wird ihn loslassen müssen, damit er leben kann. Mag der Sturm noch so wüten, in diesem Kästchen wird er geborgen bleiben. Sie wickelt ihren Sohn in Liebe und Windeln und legt ihn in das Kästchen.

Ich beobachte die Mutter und die große Schwester des Kleinen. Ich sehe: Sie gehen hinunter zum Nil. Dort stellt die Mutter die kleine Arche in das Schilf. Was hat sie vor? Sie läuft schnell davon, aber das Mädchen bleibt in der Nähe und hat alles gut im Blick.

Da plätschert schon das Lachen der Pharaonentochter und ihrer Dienerinnen heran. Es zeigt sich: Der Kasten mit dem Kind ist gut platziert. »Bringt mir den Kasten«, verlangt die Pharaonentochter. Sie öffnet ihn und schaut einem Kind in die Augen. Es weint. Da hat sie schon ihr

Herz verloren. An diesen Kleinen, an den Jungen, der unschuldig ist an der ganzen Misere der Welt und ausgeliefert den tödlichen Befehlen ihres Vaters.

Es ist der Moment der Schwester des Jungen: »Ich kann dir eine gute Amme empfehlen. Sie wird sich um das Kind kümmern. Es stillen.« Sie holt ihre Mutter, die nun wieder für ihr Kind sorgen kann. Was für ein Vertrauen: Im Kästchen vertraut eine Mutter ihren Jungen einer Ägypterin an. Eine Ägypterin vertraut ihren Adoptivsohn einer Israelitin an.

Es ist nicht alles schlecht im Ägypten des Pharaos, denke ich. Es gibt Frauen, die zeigen: Mitten im Bösen gewinnt das Schwache an Kraft. Wächst das Mitleid und zeigt sich Barmherzigkeit. Gott ist darin von Anfang an nahe. Hebräische und ägyptische Frauen kooperieren bei der Rettung am Schilf des Flusses beherzt gegen mörderische Politik und Genozid-Pläne: eine Mutter, eine Schwester, eine Pharaonentochter, ihre Dienerinnen – voller Mut und Widerstandswillen.

Möglicher Schluss

Wer hat das Sagen in unserer Welt? Die mit Zepter und Krone? Die, die der Logik der Abschreckung und ihres eigenen Machterhalts stur folgen?

Es ist schwer, sich nicht zu fürchten, wenn die Tyrannen das Kind morden wollen, das du liebst. Es ist schwer, die Hoffnung zu behalten angesichts von Krieg, Hunger und Not in unserer Welt. Angesichts eines Wirtschaftens, das die »Letzte Generation« verzweifeln lässt. Mittendrin muss ich mich meiner Angst stellen.

Doch wenn ich auf mein Herz höre und auf die Engel, die in diesen weihnachtlichen Tagen zu uns sprechen, dann weiß ich: Es gibt noch eine andere Wirklichkeit: Gott regiert unsere Welt. Er setzt stille Anfänge. In einer Krippe auf Stroh. An einer Badestelle am Nil. Immer wieder, auch heute. Daraus wächst Großes. Diese Anfänge sind schwer zu erkennen, aber sie werden mitten in Gewalt und Tod zu Zeichen des Lebens und der Liebe. Nicht der Pharao wird am Ende triumphieren. Nicht Herodes. Gott verändert mit Menschen, die schwach sind, unsere Welt. Frauen, Kinder und Hirten sind daran beteiligt.

Und während wir uns die Geschichten von hoffnungsvollen Anfängen erzählen, halten wir Ausschau: Wo ereignen sich heute hier bei uns solche Anfänge, durch die sich alles verändert? Sie können und sie werden sich ereignen, weil Gott mächtiger ist als alle anderen Gewalten. Er lädt uns ein, mitzutun an seinen Plänen für unsere Welt.

Gestaltungsidee
Die Predigt lässt sich auch ganz auf die hebräischen und ägyptischen Frauen ausrichten, die mutig und subversiv miteinander dem Pharao widerstehen und an Gottes Handeln in unserer Welt mitwirken.

Symbole, Aktionen
Dinge, die den Anfang symbolisieren, mit einbeziehen: vielleicht Samenkörner verteilen!

Kontexte und Tipps zum Text
Glaubte man nicht an Wunder, wäre man kaum mehr da.
Mascha Kaleko an Buchhändlerin Marthe Kauer im März 1969

Das Glück bevorzugt den, der vorbereitet ist.
Louis Pasteur

Heimat ist das Entronnensein.
Max Horkheimer, Theodor W. Adorno: Dialektik der Aufklärung, Frankfurt a.M. 1967, 97

»Als ich fortging« heißt ein Lied von Dirk Michaelis (1987), das deutlich macht: Nichts ist unendlich. Nichts ist von Dauer! Dieses Liebeslied wurde in der Zeit der friedlichen Revolution uminterpretiert und auf die zusammenbrechende DDR bezogen. Heute kann man auch daran denken, dass Bedrückung, Krieg und Leid nie das letzte Wort behalten werden.

Hoffnung ist nicht die Überzeugung, dass etwas gut ausgeht, sondern die Gewissheit, dass etwas Sinn hat, egal wie es ausgeht.
Vaclav Havel

Weil Gott nicht überall sein kann, schuf er die Mütter.
Arabisches Sprichwort

2. Weihnachtsfeiertag
2 Kor 8,7–9

Sigrun Welke-Holtmann

Erste Begegnung mit dem Text

»... prüfe ich auch eure Liebe, ob sie echt sei.« Zu Weihnachten, so kommt es mir manchmal vor, versuchen viele Organisationen zu prüfen, ob meine Liebe bzw. meine Christlichkeit echt ist. Zu Spenden wird nicht nur in den Kirchen aufgerufen, sondern ganz allgemein für und gegen jede Form von Armut. Fast scheint es mir so, als hätte man sich allgemein Paulus zum Vorbild genommen in seiner Eindringlichkeit und seiner Herausforderung zum Wettstreit. Und ich frage mich, woran sich zeigt, dass Liebe echt ist? Bei mir und bei anderen? Brauche ich in manchen Situationen nicht ein Echtheitszertifikat? Und wer stellt es mir bloß aus?

Es gibt sogar einen Fußballverein mit den Farben gelb-schwarz, der hat als Motto »Echte Liebe« – Zitat von der Homepage zu »Echtheit«: »Borussia Dortmund empfängt von seinen Fans echte Liebe. Denn der BVB ist, wie sie, tief in der Kultur seiner Heimatstadt Dortmund und der westfälischen Region verwurzelt: geradlinig, ungeschminkt, kämpferisch. Eine stolze Brust, aber auch Narben und Sorgenfalten sind sichtbarer Ausdruck seiner Echtheit. Sie macht den BVB liebenswert und sorgt dafür, dass er von seinen Anhängern durch dick und dünn getragen wird.«

Exegetische Skizze

Die Verse der Predigtperikope befinden sich im Eingangsteil des zweiten großen Abschnittes des 2. Korintherbriefes, in dem Paulus ab 8,1 für die sog. Jerusalemer Kollekte wirbt bzw. dazu aufruft. Dabei spielt es für das Verständnis des Textes keine Rolle, wie man die Kap. 8–9 literarkritisch im Hinblick auf Anzahl, Abgrenzung und Reihenfolge mehrerer Teilbriefe bewertet.

In 8,1 verweist Paulus auf das Vorbild der Gemeinden Makedoniens, in denen diesbezüglich ein großes Engagement festzustellen ist. Der Hinweis auf die Gnade (charis) Gottes macht deutlich, dass die Kollekte einen göttlichen Ursprung hat und keinen reinen Verwaltungsakt darstellt.

Den Christ*innen in Korinth war das Thema einer Sammlung für die Jerusalemer Urgemeinde durchaus aus früherer Korrespondenz bekannt (vgl. 1 Kor 16,1–4). Nun soll dieses Vorhaben durch das Wirken des Titus mit neuer Energie zum Abschluss gebracht werden (8,6).

Durch die ausführliche und anschauliche Beschreibung des Einsatzes der Makedonier in 8,1–5 kann man Paulus durchaus unterstellen, die Korinther zu einem Wettstreit hinsichtlich der Kollekte anzustacheln, freilich ohne ein Gegeneinander, sondern für das gemeinsame Anliegen.

8,7–9 liefern nun eine christologische Begründung für den Kollektenaufruf, stellen also eine Art argumentatives Herzstück für den Abschnitt dar.

Der angedeutete Reichtum der Korinther bezieht sich nicht auf materielle Güter, sondern auf die angesprochenen Gnadengaben, in einer Dreiergruppe zunächst Glaube (pistis), Rede (logos), Erkenntnis (gnosis), sodann zwei eher praktische Gaben: Eifer (spoude) und Liebe (agape).

Die Gemeindeglieder sind aufgefordert, es dem Vorbild Jesu Christi nachzutun bzw. nachzueifern, der sich seines Reichtums entäußerte, um arm zu werden, damit sie durch seine Armut reich würden. Diese soteriologische Wendung lässt als Analogie deutlich Phil 2,6–8 erkennen. Es geht nicht um die Armut des irdischen Jesus und sein Dasein als Wanderradikaler (Gerd Theißen), sondern um den präexistenten Gottessohn, der sich seiner Gottheit entäußerte, erniedrigte, um Mensch zu werden und dadurch die Menschen zu erlösen (vgl. auch die Diskussion bei Schmeller, 57).

Mögen im Deutschen die Begriffe Armut und Reichtum vor dem Hintergrund der Lk-Weihnachtsgeschichte an den Weihnachtsfeiertagen schillern bzw. der Aspekt der materiellen Armut mitschwingen, so liegt der Akzent bei Paulus hier deutlich auf der christologischen Frage.

Die Gnadengabe der Kollekte für die Jerusalemer Urgemeinde, die Ausdruck der Verbindung von Judenchristen und Heidenchristenmission des Paulus sein soll, hat ihren Ursprung und ihren Grund in der Gnadengabe Gottes bzw. Jesu Christi, der Selbsterniedrigung des präexistenten Christus.

So, wie Christus freiwillig Reichtum und Armut getauscht hat, so mögen nun die Korinther ihren Reichtum an Gnadengaben tauschen und dadurch den Jerusalemern Gnade (auch materiell als Kollekte) zukommen lassen.

Paulus entfaltet hier im Grunde nichts Neues, setzt die verschiedenen Gesichtspunkte jedoch in Beziehung und vergegenwärtigt sie gegenüber den Korinthern, damit die Kollekte gut zum Abschluss gebracht werden kann.

Vom Textraum des 2. Weihnachtstages liegt der Akzent deutlich auf der christologischen Aussage dieses Abschnitts.

Literatur:

Erich Gräßer, Der zweite Brief an die Korinther, Kapitel 8,1–13,13, ÖTK 8/2, 2005

Thomas Schmeller, Der zweite Brief an die Korinther (2 Kor 7,5–13,13), EKK VIII/2, 2015

Weg zur Predigt

Die Frage nach der Echtheit soll zum Ausgangspunkt für diese Predigt genommen werden. Beim Fest der Geschenke stellt sie sich in mehrerlei Hinsicht. Doch inwiefern kann sie im Hinblick auf die Liebe beantwortet werden?

Weihnachten als Echtheitszertifikat der Liebe Gottes zu seinen Menschen. Die Liebe Gottes, die nicht nach ihrem Vorteil sucht, sondern sich schenkt, entäußert, verletzlich macht, um ganz bei uns zu sein.

Predigtthema

Im Weihnachtsgeschehen zeigt sich die echte Liebe Gottes.

Vorschläge zur Liturgie

Votum

Im Namen des Vaters, der sich uns in Liebe schenkt, um uns ganz nahe zu sein.

Im Namen des Sohnes, der seinen Reichtum mit unserer Armut tauscht.

Im Namen der heiligen Geistkraft, die uns diese Liebe spüren lässt, jeden Tag neu.

Psalm: Ps 96,1–13

Gebet

Du Gott Marias und Elisabeths,
halte in uns die Hoffnung wach.
Öffne uns für das Heilige im Unerwarteten,
für das Große im Kleinen,
für die neuen Anfänge, die du mit uns setzt.

Du Gott Josefs und Zacharias',
lehre uns, auf unsere Träume zu hören,
mach uns hellhörig für deine Botschaften an uns,
gib uns Kraft für lange und beschwerliche Wege,
und hilf uns, unseren Stolz hinunterzuschlucken
und das Richtige zu tun.

Du Gott über Augustus und Quirinius,
hilf uns, verantwortungsvoll mit unserer Macht umzugehen,
und lass uns nie vergessen,
dass du es bist, der Geschichte schreibt.

Du Gott der Hirten auf einsamem Feld,
öffne unsere Augen für deine Wunder in tiefster Nacht,

ruf uns zu: Fürchtet euch nicht!
Wecke in uns Neugier, dass wir uns aufmachen und dich suchen.
Gib uns Mut und Worte, um in der Welt von dir zu erzählen.

Du Gott der Weisen aus dem Osten,
erhalte unsere Entdeckerfreude und unseren Forschungsdrang,
schütze uns vor politischen Intrigen und Machtmissbrauch
und lenke unsere Schritte hin zu dir.
Holger Pyka, in: Worte finden. Neue Gebete für Gottesdienst und Alltag, Neukirchen-Vluyn ²2021, 21

Lesung: Jes 7,10–14; Mt 1,18–25

Lieder: EG 32 Zu Bethlehem geboren; EG 39 Kommt und lasst und Christus ehren; Nr. 141 Goodness is stronger than evil, in: Durch hohes und Tiefes; Nr. 80 Stern-Kind, Erd-Kind, in: Wo wir dich loben wachsen neue Lieder plus; Nr. 25 Da wohnt ein Sehnen tief in uns, in: *frei*Töne

Vorschlag zur Predigt

Möglicher Anfang
Langsam und mit viel Genuss packt er das kleine Geschenk aus, das sie liebevoll für ihn eingepackt hat. Er zieht langsam die rote Schleife auseinander und löst vorsichtig die Tesafilmstreifen vom Papier, als wolle er das Papier auf keinen Fall verletzen. Die kleine Schatulle, die zum Vorschein kommt, lässt ihn erahnen, dass sich in diesem Geschenk ein lang gehegter Wunsch erfüllt. Und als er sie öffnet, springt ihm, noch bevor er einen Blick auf den Gegenstand seiner Sehnsucht werfen kann, ein kleiner Zettel entgegen. »Certificate of Authenticity« steht da, ein authentisches Produkt also – echt – mit Garantie. Made in Germany.

Vielleicht haben auch Sie einen solchen Echtheitsmoment an diesem Weihnachtsfest erlebt. Gesellschaftlich legen wir heute sehr viel Wert auf Echtheit, Authentizität. Seien es echte Markenprodukte oder echt nachhaltige Produkte, lokal produziert und vermarktet, aber auch echt selbstgemacht, also nicht einfach nur gekauft, eingepackt gelassen und weitergeschenkt. Wir sind anspruchsvoll in Bezug auf Echtheit.

Gerade und besonders auch im Bezug auf Geschenke, denn sie sind oft gleichzeitig ein Ausdruck materiell gewordener Liebe.

Liebst du mich noch?
Na klar!
Liebst du mich wirklich?
Natürlich liebe ich dich!
Echt?
Woran kann sie es nur erkennen und wissen, dass er sie liebt, also so echt? Dass er es nicht einfach nur so sagt und doch gar nicht meint. »Wenn du mich liebst, dann ... .« Ihr fallen schon einige Dinge ein, mit denen sie ihn prüfen könnte. Doch ist das fair? Oder sagt das nicht viel mehr auch über sie und ihre Unsicherheit aus? Woher kommt nur ihr Bedürfnis nach Sicherheit? Das fragt sie sich, während sie seine leuchtenden Augen betrachtet und eine Strähne seines Haares aus seinem Gesicht streicht. Für dieses Mal lässt sie es bei seiner Beteuerung bewenden. Vielleicht überlegt sie sich einfach bessere Fragen für das nächste Mal.

Woran erkenne ich, dass Liebe echt ist? Das fragen sich Paare manchmal am Anfang, manchmal auch in der Mitte oder gegen Ende einer Beziehung.
Wie »echt« kann Liebe sein? Und was ist echt überhaupt in Bezug auf die Liebe? Wäre Härte und Widerstandskraft eine Haupteigenschaft – so hart etwa wie ein Diamant, dann könnte man den Beißtest machen. Und wäre sie ein Währungsmittel wie Gold, dann könnte man einfach nach der Prägung schauen und genau sehen, ob da 333 oder 585 steht. Doch so einfach ist es eben nicht.
Und so versucht schon Paulus, die Echtheit der Liebe scheinbar daran zu sehen, wie hoch die Kollekte ist.

Zum weiteren Verlauf
Ist Gottes Liebe echt? Diese Frage stellt sich mir im Anschluss an diese Überlegungen. Gibt es da ein »Certificate of Authenticity«? Und wie könnte es aussehen?
Ein Blick in den Textraum dieses Sonntags zeigt, dass er sich indirekt mit genau dieser Frage beschäftigt. Er stellt und beantwortet nämlich die Frage nach dem Woher? Neudeutsch ist es vielleicht die Frage nach

dem Ursprung, des »Made in«, das heute gleichzeitig auch als Echtheitszertifikat oder Qualitätszeichen gilt.

Jes 7,10–14 das Immanuelzeichen als Zeichen Gottes. Jesaja verkündet es seinem Volk, damit es Gott nicht weiter müde macht. Ein Zeichen, das Gott selber geben wird: »Siehe, eine Jungfrau ist schwanger und wird einen Sohn gebären, den wird sie nennen Immanuel.« Dies kann als Vorzeichen zum Paulustext gelesen werden. Das Vorzeichen unter dem alles Weitere gelesen, ja, gesungen werden kann.

Mt 1,1–11, 3 mal 14 Generationen – Jesu Ursprung. Manche Menschen finden ihre Wahrheit in Listen, in Genealogien. Kausalitäten sind starke Beweise. Er kommt nicht von irgendwo her, dieser Jesus Immanuel, sondern er ist der direkte Nachfahre Abrahams. Jesus Christus – Sohn Davids – Sohn Abrahams. 3 mal 14 Generationen, alles geordnet, vorherbestimmt. Es gibt eine Kontinuität, etwas, auf das man sich verlassen kann. Auch dies wird als Zeichen, als Realisierung der Zeichen genannt.

Mt 1,18–25 als »Certificate of Authenticity«. Josef möchte Maria eigentlich gerne heimlich verlassen, weil ihm die ganze Sache über den Kopf wächst und er Maria auch nicht kompromittieren möchte. Doch bevor er seinen Plan in die Tat umsetzen kann, bekommt er selbst im Traum Besuch des Engels des Herrn. Und dieser klärt ihn auf, über Ursprung, Verheißung und Erfüllung in diesem Kind. Made by holy spirit!

Verheißung – Genealogie – Geschichte – Brief. Viele verschiedene Blicke auf das eine Großereignis.

Paulus sieht in seinem Brief die Echtheit der Liebe Gottes genau darin, dass Gott Mensch wird. Sich nicht nur von Weitem mit der Sache der Menschen beschäftigt, oder sich auf sein Gott-sein zurückzieht, sondern sich aller göttlichen Vorteile entäußert, entkleidet sozusagen und ein Kind wird. In Windeln gewickelt – schwach und klein, echt menschlich eben. Und uns Menschen in dieser Menschlichkeit den Zugang zum Göttlichen öffnet. Gottes Liebe bekommt ein Gesicht in Jesus Christus und durch ihn auch in dir und in mir.

Echter Mensch und echter Gott – sind diese Texte, diese verschiedenen Betrachtungen auch für mich heute ein Echtheitszertifikat? Die Alte

Kirche spricht von wahrer Mensch und wahrer Gott. Geht es auch um Wahrheit. In diesem Zusammenhang? Der sich mir erschließenden Wahrheit?

Welche Zeichen bräuchte ich, bräuchten die Gottesdienstbesucher*innen? In welcher Genealogie sehe ich mich und in welchem Verhältnis zu Jesus? Welchen Brief, welches Anschreiben bräuchte ich, damit die Sache für mir klar und echt ist und wahr wird?

Reicht die Erinnerung an ein Kind, das ich selber nie gesehen habe? Glaube ich Liebe, auch wenn ich sie nicht anfassen kann?

Möglicher Schluss

Ob ein Geschenk echt ist, lässt sich manchmal ganz leicht und manchmal nur schwer nachweisen. Ob Liebe zwischen zwei Menschen echt ist, lässt sich vielleicht gar nicht nachweisen, sondern nur im Moment erspüren und erhoffen. Sie lebt einzig im und vom Vertrauen darauf, dass sie ist.

Dass Gottes Liebe zu uns Menschen echt ist, daran soll uns das Weihnachtsfest jedes Jahr wieder erinnern. Und wenn wir genau hinsehen, können wir es sogar sehen. Im Glanz der Augen unserer Kinder. Und wir schmecken es mit jedem Atemzug und fühlen es ganz deutlich in unseren Träumen.

Made in Heaven.

Kontexte und Tipps zum Text

Denn ihr kennt die Gnade unseres Herrn Jesus Christus: ...
»Denn ihr kennt ...« Mich macht es missmutig, manchmal zornig, sooft jemand so beginnt: »Denn ihr kennt ...«
oder: »Ihr kennt ja sicherlich alle ...«
Was weiß denn er, was ich kenne?
Und woher nimmt er sich das Recht zu behaupten,
ich wüsste, was er sagen will?
Rede doch erst, ich sage dir dann schon, ob ich es kenne!

... obwohl er reich ist, wurde er doch arm um euretwillen,
damit ihr durch seine Armut reich würdet. (2 Kor 8,9)

Was für ein Satz. Und den soll ich kennen!
Ich hätte vermutlich anders geantwortet
auf die Frage nach der Gnade unseres Herrn Jesus Christus.
Ich hätte nicht so ein verdrehtes Zeug herausgebracht,
hätte nicht mit »arm« und »reich« argumentiert.
Armut ist ein schwieriges Thema
und was genau arm ist und was reich.
Du züchtest ein schlechtes Gewissen, Paulus,
je nachdem, wozu ich mich zähle:
Bin ich reich, fühle ich mich verpflichtet abzugeben;
bin ich arm, tue ich mir selber leid und erwarte Almosen.
Und natürlich hat Jesus alles wieder mustergültig gelöst.
Und ich muss ihm dankbar sein – und mich anstrengen.
Hättest du mich reden lassen, Paulus, ich hätte die Gnade anders
erklärt.
»Ja wie denn?«, fragt Paulus.
»Dann sag du doch einmal, was Gnade ist!«
Meditation zu 2 Kor 8,9 von Olaf Trenn, © beim Autor

Und ich glaub daran, dass es besser ist,
wenn ich es fühlen kann.
Für diesen einen Augenblick
sind alle meine Zweifel weg.
Weil es echt ist.
Echt, Glasperlenspiel, Beweg dich mit mir, 2011

1. Sonntag nach Weihnachten
Joh 12,44–50

Martina Gutzler

Erste Begegnung mit dem Text

Heiligabend und Silvester sind 2023 Sonntage und so fällt der 1. Sonntag nach Weihnachten auf Silvester. Die Frage am letzten Tag des Jahres liegen in der Gemeinde wohl auf dem Aspekt Bilanz und Ausblick: Wo komme ich her, wo gehe ich hin und bin ich auf dem richtigen Weg? Eine Frage, die der Predigttext ebenfalls im Blick hat:

Hier begegnet mir kein süßes Jesuskind, sondern der erwachsene Jesus am Vorabend der Passahwoche. Vollmächtig sind seine Worte. Und doch redet ein Jesus, der noch mit zwei irdischen Füßen auf dem Boden steht und Gott bewusst die Ehre gibt, in dessen Auftrag er redet und handelt.

Da kommt einem eine anspruchsvolle johanneische Dogmatik entgegen, denke ich nach dem ersten Kontakt. Hoffentlich finde ich einen Eingang ins Thema für die Menschen aus Fleisch und Blut, die am Silvesterabend vor einem sitzen.

Das Verhältnis zwischen Gottvater und Gottsohn, das Johannes intensiv beackert, sehe ich als mögliches Thema nach Weihnachten, dem Fest, bei dem wir uns ganz auf Jesus eingelassen haben. Weihnachten ist aber auch das Fest der Familie und damit der Begegnung zwischen menschlichen Vätern und Söhnen. Vielleicht kann das eine das andere befruchten.

Exegetische Skizze

Joh 12,44–50 markieren den letzten öffentlichen Auftritt Jesu bei Johannes, bevor das Evangelium mit dem Passahmahl in Jerusalem in seinen zweiten Teil mündet, die letzte Lebenswoche Jesu, Weg zum Kreuz und Auferstehung. (Udo Schnelle, Das Evangelium nach Johannes, Theologischer Handkommentar zum NT, Leipzig 2016, 14)

Ort und Publikum der Rede bleiben offen, sodass man annehmen kann, dass eine allgemeine Aussage getroffen werden soll, die allen Glaubenden aufzeigen möchte, welche Bedeutung Jesus hat, wie Gott und Jesus zueinander in Beziehung stehen und dass die Ablehnung Jesu Konsequenz nach sich zieht.

An johanneischer Theologie ist in diesen fünf Versen fast alles zu finden, was Johannes auch an anderen Stellen wichtig ist:

Jesus als Licht und Retter der Welt (Joh 12,46.47/Joh 8,12); das Gericht durch das Wort an denen, die Jesus verwerfen (Joh 12,48/5,29); das innergöttliche Verhältnis zwischen Gott und Jesus, bei dem Gott, ähnlich wie bei Paulus (vgl. 1 Kor 15,28), die letzte Autorität zukommt (12, 44.45). (Schnelle, a. a. O., 1–3; 273–275)

Während im Johannesevangelium sonst der Eindruck vermittelt wird, dass Jesus und Gott eins sind (z. B. Joh 1,14), bekommen wir hier Einblick in eine versteckte Dynamik zwischen Gott und Jesus.

Man kann diesen letzten öffentlichen Auftritt von Jesus als Zusammenfassung all dessen verstehen, was er in den vorherigen 12 Kapiteln getan hat und was über ihn gesagt wurde. Eine interessante Frage ist, an welche Gruppe von Gläubigen sich das Johannesevangelium zuerst wendete.

Dass Jesus in Gottes Namen spricht und handelt, Gottes Bote ist und Gott sich für diese Wahrheit verbürgt, ist dann notwendig, wenn die Gemeinde starke Bezüge zum Alten Testament und zum Judentum hat. (Schnelle, a. a. O., 6–12; Exkurs 8, 214–217)

Die schmutzige Scheidung zwischen Judentum und dem jungen Christentum scheint aber schon in vollem Gange zu sein, denn der Predigttext setzt starke Widerstände gegen Jesus voraus, die qualifiziert eigentlich so nur aus dem Judentum kommen können. (Klaus Wengst, Das Johannesevangelium. Theologischer Kommentar zum Neuen Testament, Kohlhammer 2019, 13–22)

Dass wiederum nicht Jesus, der Retter, sondern das wirkmächtige Wort Gottes, das im 1. Kapitel der Bibel alles Leben schafft, auch am Ende aller Tage richten wird, zeigt, wie stark Johannes in jüdischen Kategorien denkt.

Weg zur Predigt

Ich bleibe immer wieder an der Frage des Verhältnisses zwischen Gott und Jesus hängen und empfinde das als Einladung, genauer darüber nachzudenken. An Weihnachten stellen Kinder ja manchmal die unmöglichsten Fragen, z. B. so: Vater und Sohn sitzen Weihnachten zusammen bei den Weihnachtsplätzchen und der Junge fragt plötzlich: Papa, Jesus ist doch Gottes Sohn. Ist das dann bei denen zuhause genauso wie bei uns?
Was wird der Vater sagen?

Predigtthema

Jesus, Sohn Gottes

Vorschläge zur Liturgie

Biblisches Eingangswort: Das Leben ist erschienen, und wir haben gesehen und bezeugen und verkündigen euch das Leben, das ewig ist, das beim Vater war und uns erschienen ist. (1 Joh 1,2)

Gebet zum Eingang
Gott, unsere Zeit liegt in deinen Händen.
Zu dir kommen wir mit den Freuden
und den Mühen des vergangenen Jahres.
Wir denken an all das, was uns gefreut hat:
an die Menschen, mit denen wir verbunden sind,
an die Arbeit, durch die wir anderen dienen konnten,
an alle frohen und hellen Tage.
– *Stille* –
Wir denken an all das, was uns belastet hat,
an das, was uns misslungen ist,
an die Schuld, die wir auf uns geladen haben.
Wir denken an die dunklen und schweren Tage.
– *Stille* –

Alles, alles bringen wir vor dich.
Wir danken dir,
wir bitten um Vergebung,
wir hoffen auf deine Barmherzigkeit.
Gott, stärke uns nun in diesem Gottesdienst mit deinem Geist für den
Wege ins neue Jahr.
All das erbitten wir im Namen Jesu Christi, unseres Bruders und Erlö-
sers.
Amen.

Psalm: Ps 71

Lesungen: Jes 49,13–16; 1 Joh 1–4; Lk 2,25–38

Fürbitten
Gott, Anfang und Ende, strahlendes Licht über aller Dunkelheit.
In Jesus Christus bist du für uns Mensch geworden.
In ihm sehen wir deine Liebe.
Wir bitten dich
für unsere Familien,
für alle Menschen, mit denen wir verbunden sind.
Stärke unsere Gemeinschaft untereinander,
lass unsere Beziehungen gedeihen.

In Jesus sehen wir den wahren Frieden.
Wir bitten dich
für die Menschen, die unter Gewalt und Krieg
in ... leiden,
für alle, die dem Bösen folgen und andere bedrohen,
für alle, die die Macht haben, das Morden und Hetzen zu beenden.
Vollende den Frieden in unseren Tagen.

In Jesus spüren wir deinen Trost.
Wir bitten dich
für die Menschen, die in Ängsten und Schwermut leben,
für die Kranken, die von Schmerzen geplagt werden,
für die Trauernden, denen der Verlust den Lebensmut raubt.
Wende die Not und gib Halt denen, die drohen, am Leben zu verzweifeln.

In Jesus erkennen wir deinen schöpferischen Atem.
Wir bitten dich
für unsere Schöpfung:
für Wasser, Luft und Erde,
für unseren wunderbaren Planeten.
Heile, wo wir deiner Schöpfung Wunden zugefügt und sie geschädigt
haben und lass uns umkehren.

Jesus hat uns dein Licht gebracht.
Wir bitten dich
für alle, die dein Licht weitergeben in Wort und Tat,
für alle, die predigen in deiner Welt,
für alle, die mitarbeiten in deiner Gemeinde hier in ...
Begeistere uns für deine Liebe, damit wir allen von deiner Fülle weitergeben können.

Gott, Anfang und Ende, Licht über alle Dunkelheit.
Wir bitten dich,
begleite uns mit deinem Licht und deinem Segen in das neue Jahr.
Zeig uns deinen Weg im Labyrinth der modernen Welt.
Sei bei uns,
heute und alle Tage, die kommen.
Amen.

Lieder: EG 27 Lobt Gott, ihr Christen alle gleich; EG 36 Fröhlich soll
mein Herze springen; EG 74 Du Morgenstern, du Licht vom Licht; EG
41 Jauchzet, ihr Himmel; EG 542 (RWL) Wir singen dir Immanuel; EG
546 (RWL) Stern über Bethlehem; EG 552 (RWL) Licht, das in die Welt
gekommen; Neue Lieder plus 32 Ein Lied klingt durch die Welt

Vorschlag zur Predigt

Möglicher Anfang
Liebe Gemeinde!
Vielleicht ist es Ihnen schon mal passiert, dass Ihr Kind Ihnen an Weihnachten eine scheinbar harmlose Frage gestellt hat, die sich dann aber
als Querfeldeinritt durch die wichtigsten Glaubensfragen entpuppt hat.

Wenn ich an unseren Predigttext denke, dann sehe ich Vater und Sohn an Weihnachten zusammen bei den weihnachtlichen Plätzchen sitzen und der Junge fragt plötzlich: Papa, Jesus ist doch Gottes Sohn. Ist das dann bei denen genauso wie bei uns? Sitzen die auch zusammen und essen Plätzchen oder spielen mit der Modelleisenbahn?
Was wird der Vater dann sagen?
Was würden Sie sagen, was würde ich sagen?

Was auch immer wir versuchen würden zu antworten, ich glaube, es würde schnell klar, dass bei Gott und Jesus der reine menschliche Vater-Sohn-Vergleich eher in eine Sackgasse führen und unsere menschlichen Erfahrungen und Annahmen darin viel zu stark eingetragen würden.
Aber Gott ist eben Gott und kann deswegen kein Vater im menschlichen Sinne mit Modelleisenbahn und Plätzchen am Weihnachtstisch sein.
Jesus selbst beschreibt das Verhältnis zwischen sich und Gott so:
Textlesung Joh 12,44–50

Zum weiteren Verlauf

Wir feiern Weihnachten jedes Jahr als Geburtstag Jesu Christi. Wir glauben an ihn als Gottes Sohn und beziehen uns dabei auf solche Worte, wie wir sie eben gehört haben.
Wir könnten es uns jetzt einfach machen und wie in der griechischen Mythologie von Jesus als Gottes Sohn reden, wie von Apollo, dem Sohn des obersten Griechen-Gottes Zeus. Aber die Wahrheit ist, dass die Bibel und Jesus mit seinen eigenen Worten hier jenseits all dieser menschelnden Göttervorstellungen reden und auch eine andere Art von Gottessohnschaft als den merkwürdigen Reigen der griechischen Götter meinen.

Jesus sagt: Ich bin in erster Linie Bote Gottes, gesandt zu einem Volk und einer Welt, die in Dunkelheit lebt. Ich komme als Retter, als Messias, den sich mein Volk seit Jahrhunderten wünscht.

Ich skizziere hier jeweils nur kurz:
Hier wird für meine Begriffe die menschliche Seite Jesu Christi stark betont, mit all dem, was da an alttestamentlicher Geschichte dazugehört:

Von einer jungen jüdischen Frau geboren wie alle anderen Menschen neben und vor ihm, großgezogen mit der Schrift, nun als Wanderprediger unterwegs, in dem seine Jünger immer mehr den erwarteten Messias entdecken. Ein Wanderprediger, der dem Volk Israel weitergibt: Gott sieht euch, Gott hat euch inmitten eures Elends nicht vergessen, Gott kommt und wird euer Leid wenden.

Was kann das für uns heute bedeuten?
Wir sind, egal wie groß unsere Probleme sind oder mittlerweile geworden sind, nicht mit ihnen allein. Es gibt Gottes Gebote, Gottes Wort, das als Richtschnur auch in unserem modernen Leben letztendlich funktioniert. Und wir haben das Gebot der Nächstenliebe, durch das wir, durch Jesus begeistert, selbst Licht in die Dunkelheit unserer Zeit bringen können.

Der zweite Unterschied zur Götterwelt des klassischen Altertums ist: Jesus sagt: Ich rette und ich richte nicht.
Hier nimmt sich Jesus bewusst zurück. Trotz der Macht, Wunder zu tun, zu heilen, Sünden zu vergeben und Tote wie seinen Freund Lazarus von den Toten wiederauferstehen zu lassen, er bleibt dabei: Ich bin Gottes Bote. Ich bin als Retter gesandt. Ich bin kein Richter.

Was kann das für uns heute bedeuten?
Auch wenn wir so hübsch Weihnachten gefeiert haben, zu allen nett waren und großzügig geschenkt haben, letztendlich haben wir Gott nie »im Sack«. Egal, was wir tun, wir können uns nicht Gott gefügig machen. Gott ist und bleibt Herr über das Ende der Zeiten und über alle Urteile, die dann zu sprechen sind oder eben auch nicht, über Sie, über mich, über uns alle.
Das Wort, das die Welt erschaffen hat, wird am Ende auch das letzte Wort haben.

Wer dem Wort Gottes nicht vertraut, der bleibt in der Dunkelheit zurück.
Jesus redet hier aber bewusst nicht von einem aktiven Gericht Gottes, sondern deutet an, dass unsere menschlichen Handlungen ihre eigenen Wirkungen in sich tragen.

Der dritte Unterschied zur griechischen Götterwelt ist:

Jesus redet zwar von Gott als seinem Vater, aber es interessiert ihn selbst nicht, ob das physisch oder geistlich oder sonst wie zu verstehen ist, ebenso wenig wie es Paulus oder das Markusevangelium interessiert hat.

(Hier wäre auch ein kurzer kirchengeschichtlicher Ausflug in die Entwicklung des Begriffes Sohn Gottes möglich.)

Die innere höchste Nähe zu Gott, der Auftrag, Licht für die Welt zu sein, das versteht Jesus selbst darunter, Sohn Gottes zu sein.

Und wahrscheinlich passt da eben kein anderes menschliches Wort für diese außerordentliche Nähe, dieses Vertrauen, diese Liebe zueinander und diese gemeinsame Macht besser als Sohn und Vater, Vater und Sohn.

Möglicher Schluss

Wir gehen heute Nacht ins neue Jahr. Wo komme ich her, wie war das Jahr, wo stehe ich heute und wo gehe ich hin?

Bin ich auf dem richtigen Weg?

Das sind unsere Fragen an diesem Abend. Und wir stellen diese Fragen im Angesicht Jesu, des Menschen- und Gottessohns. Wir sind hier, weil wir unser Leben im Vertrauen auf Jesus leben und mit ihm den Schritt ins neue Jahr wagen wollen.

Egal, mit welchen Schwierigkeiten und Anstrengungen das neue Jahr verbunden sein wird, lassen Sie uns daran denken, dass Gottes Licht und Gottes Liebe uns begleiten wird.

So können wir Gott auf den Wegen des neuen Jahres vertrauen, einander liebevoll zugewandt sein und dem Weg Jesu als Gottes Kinder nachfolgen.

Amen.

Kontexte und Tipps zum Text

Was das Glaubensbekenntnis angeht, könnte ich mir vorstellen, mit der Gemeinde das Nicänische Bekenntnis zu sprechen, das für das Predigtthema hervorragend geeignet ist und fast unbekannt in jedem Evangelischen Gesangbuch unter den altkirchlichen Bekenntnissen steht.

Silvester
Pred 3,1–15

Angelika Wiesel

Erste Begegnung mit dem Text

Als geflügeltes Wort begegnet der erste Vers des Predigttextes oft auf schön gestalteten Spruchkarten. Nicht immer ist dort zu erkennen, dass es sich bei dem Gedicht über die Zeit und das Leben um einen biblischen Vers handelt. Klingt aus den Zeilen resignierter Pessimismus oder Hoffnung? Die Gegensätze im Text, die in gleichmäßigen Versen aufgezählt werden, reizen mich zum Widerspruch. Damit möchte ich mich nicht abfinden. Ich möchte mehr Frieden und weniger Krieg, mehr Lachen und weniger Weinen.

Exegetische Skizze

Pred 3,1–15 sind die bekanntesten Verse des 12 Kapitel umfassenden Predigerbuches, das in Kapitel 1,2 als Leitmotiv formuliert: »Windhauch um Windhauch: Alles vergeht und verweht. Welchen Gewinn hat der Mensch bei aller Arbeit, mit der er sich unter der Sonne abmüht?« Die Basisbibel nimmt hier besonders den hebräischen Wortlaut auf. Das Wort *häväl*, das Windhauch, Nichtiges, Vergängliches bedeutet, kommt 38 mal in den 12 Kapiteln vor. Auch die Zeilen über die Zeit in Kapitel 3 sind von dieser Grunderfahrung der Vergänglichkeit des Menschen her zu lesen.

Nach dem einleitenden Vers 3,1 (»Ein jegliches hat seine Zeit und alles Vorhaben unter dem Himmel hat seine Stunde.«) wird das Leben in 28 gleich aufgebauten Halbsätzen durch 14 Gegensatzpaare charakterisiert, die jeweils ihre eigene Zeit haben. Im sich immer wiederholenden Rhythmus spürt man beim Lesen des Textes die Ordnung in dieser Welt. Diese geordnete Zeit ist für Kohelet nicht nur Ausdruck des Schicksals, in dessen Ordnung sich der Mensch einfügen muss, sondern Werk Gottes. In Pred 3,11a heißt es: »Er hat alles schön *(jafe)* gemacht zu seiner Zeit.« Kohelet spielt dabei auf den Schöpfungsbericht der Priesterschrift an, in dem es mehrfach heißt: »Und Gott sah, dass es gut *(tov)* war« (Gen 1,10b.12b.18b.21.b.25b). Gegenüber Genesis 1 verschiebt sich die Perspektive. Er ändert den Begriff gut *(tov)* in schön *(jafe)* und bleibt damit konsequent diesseitig. Kohelet beschreibt nicht mehr die Wertung Gottes, sondern nur das, was der Mensch wahrnehmen kann, nämlich die Schönheit. Seine Leser, die die Schöpfungserzählungen in Gen 1 und 2 kannten, konnten erkennen, dass sie, die aus Staub von der Erde gemacht waren (vgl. Gen 2,7), aus ihrer menschlichen Wahrnehmung nicht alles, was Gott von Anfang bis Ende tut, ableiten können. Es gibt im Buch Kohelet den Erkenntnisbereich des Menschen »unter der Sonne«, der begrenzt und endlich ist, und den Bereich Gottes. Es gibt die Zeit *(ed)*, die Anfang und Ende hat und sich in Tagen und Stunden messen lässt, und Gottes Ewigkeit *(olam)* ohne Anfang und Ende. In Pred 3,11b heißt es dann: »Er hat die Ewigkeit in ihr Herz gelegt.« Mitten in der Vergänglichkeit der Welt weiß der Mensch um Gottes Ewigkeit. Bei allem gefühlten Abstand schafft Gott eine Verbindung.

Als Autor schreibt die rabbinische und christliche Tradition anknüpfend an Pred 1,1+12 diese Zeilen dem weisen König Salomo zu, der als wohlhabender, alter Herrscher vor seinem Lebensende zurückblickt. Historisch gehört das Buch Kohelet, das meist in die 2. Hälfte des 3. Jh. v. Chr. datiert wird, aber zu den jüngsten Texten des Alten Testaments und ist sprachlich und gedanklich hellenistischer Philosophie nahe. Im Kontext des gesamten Koheletbuches wird deutlich, dass der Autor mit seiner Folgerung in Vers 12 und 13 (»Da merkte ich, dass es nichts Besseres gibt als fröhlich sein und sich gütlich tun in seinem Leben. Denn ein jeder Mensch, der da isst und trinkt und hat guten Mut bei all seinem Mühen, das ist eine Gabe Gottes.«) keinen dekadenten Hedonismus vertritt. Er ruft dazu auf, in der Zeit, die Gott dem Menschen gibt, das Gute wahrzunehmen, es sich gut gehen zu lassen und Gutes zu tun. Das alles klingt in dem hebräischen Ausdruck *(la asot tov)* mit, den die Luther-Übersetzung mit »sich gütlich tun« wiedergibt.

Weg zur Predigt

Im Gottesdienst am Altjahrsabend ist Zeit für einen persönlichen Jahresrückblick. Wenige Stunden vor Ablauf des Jahres nehmen sich die Gottesdienstbesucher*innen Zeit, dankbar auf das Jahr zurückblicken. Im Gottesdienst ist Raum für schmerzliche und schöne Erinnerungen. Die gemeinsamen Ereignisse in Politik und Gesellschaft und die ganz persönlichen Erlebnisse klingen an. Da erscheinen die Verse Kohelets, die erst seit der Perikopenrevision Predigttext für den Altjahrsabend geworden sind, wie der Jahresrückblick eines Zeitgenossen. Kohelets Verse reden nichts schön. Geboren werden hat seine Zeit, sterben hat seine Zeit. Mit seinem konsequent diesseitigen Blickwinkel und seiner Frage »Was hat der Mensch von seinem Tun?« ist Kohelet den Menschen von heute sehr nahe. Der Wochenspruch Psalm 31,61 und die Epistel Römer 8,31b-39 haben ebenfalls die Endlichkeit und die Gegensätzlichkeit des Lebens zum Thema, gehen aber anders damit um. Dies lädt ein, sich selbst zu fragen, wie ich die Erfahrungen des alten Jahres deuten will.

Im Abendgottesdienst im Kerzenschein des Weihnachtsbaumes bietet sich eine Predigt in verschiedenen Teilen unterbrochen von Musik an, in der jede*r sich mit einem eigenen Jahresrückblick gedanklich einfügen kann. Die Predigt kann Fragen stellen und Leerstellen lassen. Die Predigt soll Kohelets Deutung unserer Endlichkeit als eine Perspektive auf das alte und neue Jahr zu Gehör bringen. Es wäre schön, wenn die Besucher*innen am Ende des Gottesdienstes mit der Gewissheit nach Hause gehen, die Paulus vertrauensvoll formuliert: »Nichts kann uns trennen von der Liebe Gottes.«

Predigtthema

Die Predigt will die Gottesdienstbesucher*innen anregen, ihren persönlichen Jahresrückblick im Lichte der Worte Kohelets zu machen und vertrauensvoll in das neue Jahr zu gehen.

Vorschläge zur Liturgie

Begrüßung

Nur noch wenige Stunden, dann geht das Jahr 2023 zu Ende. Lassen Sie uns gemeinsam zurückblicken und Gott um seinen Segen für das neue Jahr bitten.

Votum

Im Namen des Vaters, Ursprung aller Zeit,
im Namen des Sohnes, Versöhner für alle Zeit,
im Namen der Heiligen Geistkraft, Trösterin in Ewigkeit.

Eingangsgebet

Unsere Zeit steht in deinen Händen, Gott.
Heute Abend, kurz bevor das Jahr 2023 endet und ein neues beginnt, kommen wir zu dir.
Wir bringen alles mit,
was uns in den letzten zwölf Monaten bewegt hat.
Unsere besonderen Momente und unseren Alltag,
ganz persönliche Erlebnisse und Ereignisse des Weltgeschehens,
unsere Erfolge und auch Enttäuschungen und Schmerz.
All das legen wir in deine Hand und bitten dich,
verwandle es in Segen.
Lasst uns spüren,
dass jeder Tag unseres Lebens ein Teil deiner Ewigkeit ist.
Amen.

Fürbitten

Ewiger Gott, wir danken dir für das Jahr, das nun zu Ende geht, und für jeden Tag, jede Minute und jede Stunde, die du uns schenkst.
– Wir bitten dich, lass uns mitten im Alltag jeden kleinen Moment der Liebe und des Friedens genießen, jeden Blick freundlich erwidern und dich in den Gesichtern der Menschen um uns herum erkennen.
– Das Jahr ist wie im Flug vergangen. Wo bleiben nur die Tage? Wir bitten dich: Wenn wir uns wie in einem Hamsterrad fühlen und nicht wissen, wie wir alles an einem Tag schaffen sollen, hilf uns, einen Moment anzuhalten und zeig uns, was wichtig ist. Wir bitten dich um deine Ruhe in unserem Alltag.

- Alles hat seine Zeit. Töten hat seine Zeit, heilen hat seine Zeit. Nein! So soll es nicht sein. – Viel zu viel Krieg und Zerstörung hat dieses Jahr geprägt. Wir bitten dich um deinen Frieden für unsere Welt.
- Geboren werden hat seine Zeit, sterben hat seine Zeit. Wir bitten dich für alle, die in diesem Jahr gestorben sind und für alle, die sie an diesem Abend vermissen. Lass uns darauf vertrauen, dass wir alle gemeinsam Teil deiner Ewigkeit sind.
- Wir bitten dich in der Stille um das, was uns ganz persönlich bewegt ... Gott, du hörst unsere Bitten. Gemeinsam beten wir: Vater unser im Himmel ...

Lieder: EG 325 Sollt ich meinem Gott nicht singen? Jede Strophe endet mit dem Kehrvers: Alles Ding währt seine Zeit, Gottes Lieb in Ewigkeit«; Durch Hohes und Tiefes 320 Meine Zeit steht in deinen Händen; EG 65 Von guten Mächten wunderbar geborgen; Durch Hohes und Tiefes 112 Da wohnt ein Sehnen tief in uns; EG 64,1 Der du die Zeit in Händen hast; freiTöne 15 Und ein neuer Morgen

Vorschlag zur Predigt

Möglicher Anfang

(Die Predigt lässt sich allein oder mit zwei Sprecher*innen vortragen. Dann wird der Rhythmus des Gedichtes hörbar. Formatierung: Leser*in 1, *Leser*in 2*).

Alles hat seine Zeit und ein jegliches unter dem Himmel hat seine Stunde.
So beginnt ein poetischer Text aus dem Alten Testament. In wenigen Stunden geht dieses Jahr zu Ende. Alles hat seine Zeit. Am heutigen Tag ist Zeit für einen Blick zurück und den Blick voraus auf das neue Jahr. Seit Tagen füllen Jahresrückblicke die Zeitungen und Fernsehprogramme. Sie versuchen in Erinnerung zu rufen, was geschehen ist. Sie bündeln und werten und halten fest.
Wir hören heute Abend als Predigttext Worte eines biblischen Autors, der das Leben und die Zeit deutet. Ihn und uns trennen rund 2300 Jahre. Aber dieses Gefühl, dass die Zeit schnell vergeht, scheint damals wie heute da gewesen zu sein. Seine Verse werden traditionell dem weisen König Salomo zugeschrieben, der im hohen Alter auf das Leben zurückblickt. Heute hören wir sie wie ein Resümee des zu Ende gehenden Jahres:

Ein jegliches hat seine Zeit, und alles Vorhaben unter dem Himmel hat seine Stunde:

Geboren werden hat seine Zeit, *sterben hat seine Zeit;*

pflanzen hat seine Zeit, *ausreißen, was gepflanzt ist, hat seine Zeit,*

töten hat seine Zeit, *heilen hat seine Zeit;*

abbrechen hat seine Zeit, *bauen hat seine Zeit;*

weinen hat seine Zeit, *lachen hat seine Zeit;*

klagen *hat seine Zeit,* tanzen *hat seine Zeit;*

Steine wegwerfen *hat seine Zeit,* Steine sammeln *hat seine Zeit;*

herzen *hat seine Zeit,* aufhören zu herzen *hat seine Zeit;*

suchen *hat seine Zeit,* verlieren *hat seine Zeit;*

behalten *hat seine Zeit,* wegwerfen *hat seine Zeit;*

zerreißen *hat seine Zeit,* zunähen *hat seine Zeit;*

schweigen *hat seine Zeit,* reden *hat seine Zeit;*

lieben *hat seine Zeit,* hassen *hat seine Zeit;*

Streit *hat seine Zeit,* Friede *hat seine Zeit.*

Es könnte endlos so weiter gehen. Im gleichmäßigen Takt beschreibt der Autor das Leben voll Gegensätze. Dieses Gedicht nennt beide Seiten. Es verschweigt nichts und redet nichts schön. Es wertet auch nicht. Geboren werden hat seine Zeit, sterben hat seine Zeit; töten hat seine Zeit, heilen hat seine Zeit.

Wofür war bei Ihnen in den letzten 12 Monaten Zeit? Welche Gegensätze haben Ihr Leben geprägt? Wie würden Sie die Verse weiterdichten?

Vielleicht so:

Arbeiten hat seine Zeit, Feierabend hat seine Zeit,

zur Schule und in die Kita gehen hat seine Zeit, mit Freunden spielen hat seine Zeit.

Ein jegliches hat seine Zeit, und alles Vorhaben unter dem Himmel hat seine Stunde?

Nein, so läuft das bei mir nicht. Mein Alltag besteht aus Multitasking. Oft kommt alles zur gleichen Zeit. Kinder abholen, Essen kochen, bei den Hausaufgaben helfen, mittendrin der Anruf aus dem Büro. Alles ist genau getaktet. Und wenn einer krank wird, gerät der Plan aus den Fugen. Wie sehr wünsche ich mir, dass alles seine Zeit hat und dass ich ganz bei dem sein kann, was gerade dran ist, und nicht in Gedanken schon wieder drei Schritte weiter.

Oder so:

Ein jegliches hat seine Zeit, und alles Vorhaben unter dem Himmel hat seine Stunde. Ja, das stimmt. Es gibt Dinge, die kann man nicht auf später verschieben. Sie haben ihre Zeit. Ich bin dankbar, dass ich mit meinem Mann so schöne Reisen gemacht habe, als wir das noch konnten. Jetzt geht das nicht mehr, aber ich sehe all die Orte vor meinem inneren Auge.

Reisen hat seine Zeit, zu Hause bleiben hat seine Zeit.

Allein sein hat seine Zeit, Gemeinschaft hat ihre Zeit.

Festhalten hat seine Zeit, loslassen hat seine Zeit.

Oder so:

Ein jegliches hat seine Zeit, und alles Vorhaben unter dem Himmel hat seine Stunde:

töten hat seine Zeit, heilen hat seine Zeit;

Streit hat seine Zeit, Friede hat seine Zeit.

Stopp! Das will ich so nicht hinnehmen. Es soll nicht von allem etwas geben. Ich will mehr Zeit für Frieden und keine Zeit für Krieg. Mehr Lachen und Tanzen als Klagen. Mehr Heilen als Sterben. In diesen schönen gleichmäßigen Worten fehlen mir alle die Tränen und der Schmerz, den bestimmte Zeiten mit sich bringen. Manche Zeiten sind unerträglich. Wenn ich die Nachrichten des zu Ende gehenden Jahres anschaue, wünsche ich mir, dass endlich eine neue Zeit anbricht.

Glauben hat seine Zeit, zweifeln hat seine Zeit.

Oder ganz anders?

Musik

Zum weiteren Verlauf

Ein jegliches hat seine Zeit, und alles Vorhaben unter dem Himmel hat seine Stunde, dichtet unser Autor. Für ihn ist die Lebenszeit jedes Menschen nur ein kleiner Teil von Gottes Ewigkeit. Einen Windhauch (Pred 1,2) nennt er sie. Er schreibt: Der Mensch hat keine Macht über den Tag des Todes. (Pred 8,8b) Wie einer nackt aus seiner Mutter Leib gekommen ist, so fährt er wieder dahin und nichts behält er von seiner Arbeit, das er mit sich nähme. (Pred 5,14) Windhauch um Windhauch: Alles vergeht und verweht (Pred 1,2). Und er fragt sich: Welchen Gewinn hat der Mensch bei aller Arbeit, mit der er sich unter der Sonne abmüht?

Anders gesagt: Welchen Sinn hat das Leben? Was bleibt, wenn ein Jahr, wenn das Leben zu Ende geht? Dazu schreibt er diese Gedanken:
Vers 9–15 lesen

Es gab Diskussionen, ob die Verse unseres Autors überhaupt zu den Heiligen Schriften gehören sollten. War seine Sichtweise zu pessimistisch? Zu realistisch? Zu zweifelnd? Er könnte fast ein Zeitgenosse sein. Er glaubte, dass Gott die Welt gut geschaffen hat, aber wenn er sich umschaut, verstehe er ihn nicht. Er kommt ihm fern vor. Wenn ich die Nachrichten des letzten Jahres betrachte, geht es mir manchmal genauso. Und deswegen bin ich froh, dass es diese Stimme des Realisten und Pessimisten in der Bibel gibt. (Hier können Wahrnehmungen Kohelets (Pred 8,14; 3,16) und aktuelle Ereignisse parallel genannt werden.)

Ein anderer biblischer Autor, Paulus, erlebt die gleichen Gegensätze des Lebens und deutet sie ganz anders. Er schreibt voll Zuversicht an die Gemeinde in Rom: »Denn ich bin gewiss, dass weder Tod noch Leben, weder Engel noch Mächte noch Gewalten, weder Gegenwärtiges noch Zukünftiges, weder Hohes noch Tiefes noch irgendeine andere Kreatur uns scheiden kann von der Liebe Gottes, die in Christus Jesus ist, unserm Herrn« (Röm 8,38–39).

»Nichts kann uns scheiden von der Liebe Gottes.« oder »Gott, ich verstehe dich nicht.« – Zwei biblische Autoren, zwei Stimmen. Mal spricht mir die eine aus dem Herzen, mal die andere. Wenn ich auf das Jahr zurückblicke, bin ich dankbar für viele schöne Momente und zugleich sehne ich mich danach, dass eine neue Zeit anbricht. »Gott hat die Ewigkeit in ihr Herz gelegt«, schreibt der Autor des Predigerbuches. In meinem Herzen liegen heute Abend tiefe Dankbarkeit und Schmerz, Glücksgefühle und Sehnsucht nach Heil. Mit der Ewigkeit im Herzen zu leben, das bedeutet, zu erkennen, dass das Leben endlich ist und dass die Zeit, die wir haben, ein Geschenk Gottes ist. Es bedeutet, zu glauben, dass jedes Leben, auch wenn es viel zu früh beendet wird, ein Teil von Gottes Ewigkeit ist. (Hier könnte man Beispiele für Momente beschreiben, in denen ein Hauch dieser Ewigkeit aufscheint, z. B. Momente in denen jemand merkt, dass er gerade genau am richtigen Ort ist.)

Möglicher Schluss

Ein jegliches hat seine Zeit und alles Vorhaben unter dem Himmel hat seine Stunde. Heute Nacht beginnt das neue Jahr und damit auch die

Zeit der guten Vorsätze. Der biblische Autor hat dazu einen konkreten Vorschlag: »... fröhlich sein, sich gütlich tun in seinem Leben. Denn ein jeder Mensch, der da isst und trinkt bei all seinem Tun, das ist eine Gabe Gottes (Pred 3,12 f.).«

Das heißt nicht: Feiert, fresst und sauft, denn morgen sind wir tot.

Der Ausdruck, der in der Lutherübersetzung mit »sich gütlich tun« wiedergegeben wird, meint dreierlei:

1. Lass es dir gutgehen! Freu dich an gutem Essen, an Musik, an Dingen, die dir Freude machen! Sie sind eine Gabe Gottes. Der Autor denkt dabei immer auch an die Gemeinschaft. Gemeinsam zu essen und Zeit miteinander zu verbringen, macht das Leben reich.

2. Tue anderen Gutes! Tue das, was du kannst. Lass dich nicht davon lähmen, dass du nicht immer helfen kannst! Verzweifle nicht angesichts der globalen Probleme dieser Welt. Fang dort an, wo du kannst! Schenk die Zeit, die du hast!

3. Auch in schweren Zeiten gibt es gute Momente. Genieße sie, selbst wenn sie vorbeiziehen wie ein Windhauch. Nimm das Gute wahr, selbst wenn es nur ein kurzer Moment ist.

Alles hat seine Zeit. Jetzt ist es Zeit, das alte Jahr in Gottes Hand zu legen und für das neue Jahr zu beten. Unsere Zeit steht in deinen Händen, Gott. Begleite uns in das neue Jahr!
Amen.

Kontexte und Tipps zum Text

Das Gedicht »Ich wünsch dir Zeit« von Elli Michler kann am Schluss der Predigt vorgetragen werden. Da der Text urheberrechtlich geschützt ist, ist er hier nicht abgedruckt. Er ist auf der Seite des Verlags online verfügbar: https://www.donbosco-medien.de/ich-wuensche-dir-zeit/b-1/30 2005 haben die Puhdys den Song »Alles hat seine Zeit« herausgebracht. Anders als Prediger 3 besingt die Band ein stetiges Bergab, nachdem das Paradies verlorenging, und schließt mit den Zeilen: »Denn die Welt verändert sich, ob wir's mögen oder nicht und der Platz neben dir ist morgen vielleicht schon leer.« Der Songtext ließe sich gut als Kontrast zu Prediger 3 mit dem Text ins Gespräch bringen.

Für einen vierstimmigen Chor:

Georg Philip Telemanns Vertonung von Pred 9,7 »So gehe hin und iss dein Brot mit Freuden, trink deinen Wein bei gutem Mut, so gehe, denn dein Werk gefällt Gott.«

Lutz Gräber

Erste Begegnung mit dem Text

So Gott will und wir leben ... Mit dem Ausbruch der Corona-Pandemie hat dieser kurze Satz, den ich früher, auch in seiner lateinischen Variante »sub conditione Jacobaea« beim Abschied von lieben Menschen oft gesagt habe, eine neue Qualität bekommen. Jakobus hat recht! Die Wahrheit dieses Wortes ist bei mir vom Kopf ins Herz gerutscht – besonders der zweite Teil des Satzes. Dass ich selbst in Kürze noch lebe, ist ungewiss. Ich kann nicht einfach für die Zukunft planen und davon ausgehen, dass diese Pläne ganz selbstverständlich aufgehen. Und trotzdem will und muss ich doch die Zukunft in den Blick nehmen! Deshalb ist Jakobus für mich auch ein Spielverderber! Wie nüchtern, fast fatalistisch er über das Leben schreibt! Pläne zu schmieden macht doch auch Spaß! Darf ich mich auf das, was vor mir liegt, gar nicht mehr freuen? Die erste Begegnung löst Gegensätzliches in mir aus: Tiefes Verständnis und inneren Widerstand.

Exegetische Skizze

In Jak 4,13–15 werden Adressat:innen angesprochen, die im Zusammenhang der theologischen Ausrichtung des Jakobusbriefes eine wichtige Rolle spielen. Sie vertreten eine Lebensorientierung der »Freundschaft mit der Welt«, die zugleich »Feindschaft gegen Gott« (4,4) ist. Jakobus geht es dabei darum, christliches Leben in der Gesellschaft deutlich zu profilieren.

Das kann für ihn nur funktionieren, wenn Gott als der Herr über Raum und Zeit anerkannt wird. Deshalb ist eine falsche, weil selbstherrliche Einstellung zum Besitz und zum Umgang mit der Zeit Verleugnung dieser alles bestimmenden Macht und Gegenwart Gottes. Das Leben insgesamt steht dann unter einem falschen Vorzeichen. Diesen Gedanken entfaltet Jakobus in 4,13–15(16 s. u.) reflektierend und in 4,17–5,6 praktisch. Jakobus greift, wie auch an anderen Stellen, weisheitliche Motive auf und integriert sie in seine Theologie. Manche Exeget:innen erklären den Jakobusbrief deshalb selbst zur Weisheitsschrift. Immer wieder geht es um allgemeine Erfahrungen, die auf Gott bezogen werden. In 4,13–15 um das Wissen, dass der Mensch nicht über sein Leben bestimmen und es daher auch durch Besitz nicht sichern kann.

Wer dies trotzdem als erstrebenswert ansieht, ist nicht nur persönlich auf dem Holzweg, sondern kontaminiert damit auch das Sozialverhalten im Sinn der Ordnung Gottes: Die Armen werden vergessen und verachtet. Und bei den weniger Begüterten führt diese gesellschaftliche Grundausrichtung zu Neid und Eifersucht gegenüber denen, die mehr haben. Es kommt zu gravierender sozialer Disharmonie. Statt Zufriedenheit mit den Gütern des Lebens zu empfinden, die Gott zukommen lässt, und mit den Bedürftigen zu teilen, wird ein Geist des Egoismus kultiviert. Die Lebensform der von Jakobus kritisierten Reichen wird dann als von allen erstrebenswert anerkannt.

Dem stellt Jakobus ein anderes Lebensprogramm entgegen, ein Programm der Demut: Besitz ist, wie die Lebenszeit, anvertrautes Gut und von Gott nur geliehen. Wer diesem Weg nicht folgt, trennt sich nicht nur von Gott, sondern damit auch von dem, was das Leben ist und ausmacht. Die Folge ist Selbstbetrug. Aus diesem Grund wendet sich Jakobus so vehement gegen »die Reichen«.

Jakobus setzt sich dagegen ein für einen Weg voller Achtsamkeit und Respekt vor dem von Gott anvertrauten Leben, ganz besonders für Menschen, die in Not sind. Es geht um eine umfassende solidarische Gemeinschaft. Deshalb findet sich hier auch alles andere als ein Aufruf zum Fatalismus oder zur Ablehnung des Planens. Um diesem Anliegen Nachdruck zu verleihen, macht Jakobus richtig Dampf. Sein drastischer und im NT origineller Vergleich des Lebens mit einem »Dampfwölkchen« (V.14) spitzt die Forderung zu, die eigene Lebensperspektive radikal zu ändern.

Erst wenn die theozentrische Maxime »wenn der Herr will« anerkannt wird, ist die Ordnung der Welt im Lot. Dann kann ich die Conditio Jacobaea ganz hoffnungs- und vertrauensvoll verstehen: »Der Herr will, dass wir leben!« Ich höre Jakobus hier also überhaupt nicht als einen Pessimisten sprechen, sondern vielmehr energisch wichtige Anliegen Jesu vertreten, etwa in der Bergpredigt (bes. Mt 6,24–34) oder im Gleichnis vom reichen Kornbauern (Lk 12,16–21).

Anfragen habe ich bei der Abgrenzung der Perikope. Warum endet sie mit V.15? Ist es wirklich so, dass V.16 gegenüber V.13 »sachlich nichts Neues bringt«, wie etwa Dibelius annimmt? Erst in V.16 wird doch das Reden der Geschäftsleute mit dem Begriff der »Prahlerei« deutlich charakterisiert und in Beziehung zum Hochmut und Selbstruhm gesetzt, den Jakobus an anderen Stellen kritisiert. Die Verse 13 und 16 sind auch sprachlich aufeinander bezogen und bilden eine negative Klammer um die von Jakobus geforderte demütige Lebenshaltung.

Weg zur Predigt

Jakobus stellt wichtige Anfragen an ein »modernes« Lebensprogramm, in dem Leben wesentlich durch Leistung bestimmt wird, Erfolg am Wohlstand zu erkennen und das Leben durchorganisiert und zeitlich eng getaktet ist. Ihm geht es gerade nicht darum, die Zeit, die noch ungewiss vor uns liegt, mutig und hoffnungsvoll in den Blick zu nehmen. Er entlarvt vielmehr selbstsicheres Planen als Irrweg. Der Aufruf Jesu zur Sorglosigkeit wird für ihn dadurch geradezu auf den Kopf gestellt: Wer sich seiner Sache und der Zukunft zu sicher ist, lebt damit eine neue Form der Sorglosigkeit durch die Fokussierung auf sichere Gewinnoptimierung. An dieser Stelle könnten eine Reihe von Beispielen des Fortschrittsoptimismus genannt werden, der diese Lebenseinstellung illustriert, z. B. die Prognose von Noah Harari, der eine Lebenserwartung von mehr als 150 Jahren im 21. Jahrhundert für realistisch hält (Homo Deus, 41). Dann wäre unser Leben mehr als nur »Dampf« und wir hätten noch längere Zeiträume für die individuellen Planungen.

Jakobus hält mit seinem Credo dagegen: Die Zukunft ist uns entzogen, sie liegt allein in Gottes Hand. Die für ihn entscheidenden Fragen lauten: Welche Spuren hinterlasse ich in dieser Welt, ist nicht fast alles nur Schall und Rauch? Und: Wie kann ich die Begrenztheit meines Lebens akzeptieren und trotzdem mein Leben zuversichtlich gestalten?

In Jak 4,13–15 geht es dabei erst in zweiter Linie um alternative Handlungsstrategien. Zunächst soll das von Jakobus propagierte Zeit- und Lebensverständnis ins Bewusstsein dringen und so eine Veränderung der Lebensperspektive auslösen. Es gilt: »Wenn Gott will, werden wir leben ...« Zeit ist Gnade. Gute Vorsätze für das neue Jahr könnten dann sein, das Leben als von Gott anvertrautes Gut zu schätzen und zu achten und kleinere Zeitabschnitte bewusster und dankbarer in den Blick zu nehmen und zu gestalten. Diese Gestaltung des Lebens könnte im Verlauf der Predigt mit den Stichworten der Demut (vgl. Jak 4,8–10), Achtsamkeit und Nächstenliebe konkretisiert werden oder sich bei einer stärker politischen Akzentuierung auf die Täter und Opfer im Prozess der Gewinnmaximierung konzentrieren.

Predigtthema

Meine Zeit ist von Gott geschenkte Zeit. Aus diesem Wissen erwächst eine Lebenshaltung der Demut, Achtsamkeit und Nächstenliebe. Alternativ: Zeit ist Gnade.

Vorschläge zur Liturgie

Psalm: Ps 31,1–6.16a statt des Tagespsalms Psalm 8

Lesungen: Joh 4,16–23; Spr 16,1–9

Fürbitten
Ein neues Jahr beginnt.
Wir nehmen es aus deinen Händen,
barmherziger und liebender Gott,
denn du hältst unsere Zeit in deiner Hand.
Deinen Segen erbitten wir für dieses Jahr.

Mach uns aufmerksam,
wenn unser Leben regiert wird von Plänen und Terminkalendern.
Gib uns die Kraft, unsere Zeit nach deinem Willen zu gestalten.
Wir rufen zu dir:
Bleib mit deiner Gnade bei uns. (gesprochen oder gesungen)

Mache uns in diesem Jahr mutig,
die Menschen an unserer Seite als unsere Nächsten zu erkennen

und für sie einzutreten.
Mach alle, die Verantwortung für andere tragen, mutig,
für eine gerechte Verteilung der Güter zu kämpfen,
gegen den Hunger einzuschreiten,
dem Hass und der Lüge zu widersprechen und den Frieden zu schützen.
So rufen wir:
Bleib mit deiner Gnade bei uns.

Bewahre deine Kirche und alle Menschen, die dir verbunden sind,
lass ihr Wirken in diesem Jahr zu einer Zeit der Gnade werden,
schenke Zuversicht und Hoffnung für alle Vorhaben.
So rufen wir
für deine Kirche hier,
für die Gemeinden in nah und fern
und für alle, die den Frieden und die Gerechtigkeit lieben:
Bleib mit deiner Gnade bei uns.

Dreieiniger Gott, du Ursprung und Ziel, du Rettung und Liebe,
du Quelle und Kraft.
Sei mit uns und mit allen, die wir lieben,
heute und alle Tage dieses Jahres.

Lieder: EG 432 Gott gab uns Atem; EG 428 Komm in unsre stolze Welt; freiTöne 200 Weise uns den Weg, Gott, geh mit; Meine Zeit steht in deinen Händen, in: Durch Hohes und Tiefes. Gesangbuch der Evangelischen Studierendengemeinden, München 2008, 320.

Vorschlag zur Predigt

Möglicher Anfang

Gibt es bei Ihnen schon Pläne für das neue Jahr? Wäre ja verständlich. Und ich würde mich mit Ihnen gern über die Perspektiven freuen, die sie Ihnen bringen. Aber Jakobus scheint ja mächtig was gegen das Planen zu haben. Da sind Menschen voller froher Erwartungen an gewinnbringende Perspektiven unterwegs, und er macht ihnen die richtig mies. Er greift dazu gleich ins oberste Regal und droht mit dem Tod, der dem Leben praktisch in jedem Augenblick ein Ende setzen kann. Sein Spitzensatz: Euer Leben ist nur ein Dampf, also wenig mehr als ein Nichts. Mir ist, als hauche mir jemand Johann Sebastian Bachs Choralvers genüsslich ins Ohr: »Ach wie flüchtig, ach wie nichtig, ist der Menschen Leben«. Eine extrem ungemütliche Vorstellung.

Ja, es gehört zum Elend von uns Menschen, dass wir sterblich sind und unser Leben nicht so steuern können, wie wir wollen. Jakobus spricht also eine gern unterschlagene Wahrheit schonungslos aus. Ich verdränge gern den Gedanken an eine plötzliche Erkrankung, einen Unfall, ein schnelles Ende. Der Hinweis auf die Zerbrechlichkeit des Lebens hat uns spätestens seit der Pandemie verängstigt und aus dem Gleichgewicht gebracht. Und genau das hat auch Jakobus vor. Nur wer aus dem Gleichgewicht kommt, ist bereit, inne zu halten und kann nicht so weitermachen, wie bisher. Das kann im ersten Moment vielleicht wirklich unglücklich machen. Die langfristigen Pläne, das ganze, sogar bis zum Glücksplansoll durchgestylte Leben, wird plötzlich in Frage gestellt.

Zum weiteren Verlauf

Jakobus meint: Das ist gut so! Weil das durchgeplante Leben gar nicht das hält, was es verheißt: Größere Sorglosigkeit und Freiheit. Es macht, davon ist Jakobus überzeugt, das Leben vielmehr enger und ärmer.

Im Mittelteil könnten nun Situationen beschrieben werden in einem Leben, in dem nichts dazwischenkommen soll, weil alles selbst geplant und gestaltet wird und auch andere Menschen einfach mitverplant werden. Dann können im Leben wirklich nur noch Schicksalsschläge dazwischenkommen, oft hart und unvermittelt. Der Dichter spricht davon:

Gleich wie ein eitel Traum leicht aus der Acht hinfällt
Und wie ein Strom hinschießt, den keine Macht aufhält,
So muss auch unser Nam, Lob, Ehr und Ruhm verschwinden ...
Was sag ich? Wir vergehn wie Rauch von starken Winden.
Andreas Gryphius, Menschliches Elende

Jakobus spricht aber nicht vom Schicksal, er spricht von Gott. Nicht das Schicksal kommt dazwischen, sondern Gott. Wenn Gott dazwischenkommt, gilt für unser Planen: »Wenn der Herr will, werden wir leben und dies und das tun«.

Mein Leben in Gottes Hand und aus Gottes Hand, von ihm in großer Freiheit eröffnet und begrenzt. Meine Lebenszeit ist Gnade. Dabei könnte auf die Uhren hingewiesen werden, auf deren Zifferblättern die 12 Stunden mit dem Diktum »Zeit ist Gnade« anstelle der Zahlen 1–12 beschrieben sind (s. unter Symbole).
Wie wird nun das Leben im Wissen um seine Begrenztheit weiter und freier, wenn ich mein Leben in Gottes Hand weiß? Hier könnte darauf hingewiesen werden, kleine Schritte des Lebens achtsam zu gehen mit der Perspektive auf die Mitwelt und im Zusammenhang zwischen Demut, Liebe und Freiheit. In Demut, weil im Wissen, dass unsere Zeit in Gottes Hand steht, werden die Beziehungen einem Statusverzicht unterzogen, damit sie durch die Liebe, die die Demut voraussetzt, für nah und fern erweitert wird und alle einander nah kommen können. Dazu ist Freiheit erforderlich. Wir sollen dabei frei werden von den Maßstäben der Welt. Freiheit und Nächstenliebe gehören zusammen (vgl. Theißen, Glaubenssätze, 381 f.).

Alternativ könnte, auch im Rückblick auf das nahe Weihnachtsfest, stärker vom aktiven Eingreifen Gottes in die Welt gesprochen werden: Gott ist in der Welt und macht durch seinen Sohn, der als Kind in der Krippe zu uns kommt, energisch darauf aufmerksam, dass die Menschenrechte, die er allen Menschen zuspricht, nicht mit Füßen getreten, sondern überall geachtet werden. Dabei könnte besonders auf das finanzielle Ungleichgewicht aufmerksam gemacht werden. Auch in unserem Land wird die Kluft zwischen denen, die Gewinn machen, und denen, deren Lohn unverantwortlich niedrig ist, immer größer. Das ist keine Neiddebatte, sondern in vielen Fällen großes Unrecht.

Möglicher Schluss

Sind wir fähig zu einem solchen Perspektivwechsel? Die Poetry-Autorin Julia Engelmann hat in ihren »Silvestergedanken« eindrücklich beschrieben, wie sie im neuen Jahr ihr Leben erfüllt gestalten kann, obwohl auch da alles anders kommen wird, als erwartet. »Ich denke nicht an Meilensteine, sondern daran, dass Glück am Ende des Tages eine lose Collage aus tausend kleinen Momenten ist: ... Wie du mich angelächelt hast, als ich gedankenverloren am Frühstückstisch gemalt habe. Die Extrarunde beim Spazierengehen. Blühende Lilien. Im Wohnzimmer tanzen. ... Ich will loslassen, um die Hände frei zu haben für Neues. Es gibt immer noch etwas, von dem ich denke, dass ich es noch werden oder sein sollte, aber die Wahrheit ist: Ich möchte nicht mehr, ich möchte weniger. Weil alles genug ist. Weil ich genug bin.« Und Jakobus würde sicher ergänzen: Weil ich weiß: Gott will, dass ich lebe.

Symbole und Aktionen
Die Wecholder Kirchturmuhr. Die Symbolik findet sich auf vielen weiteren Kirchturmuhren. Etwa auf der Uhr der Immanuelkirche in Alt-Laatzen (https://www.immanuelkirche-laatzen.de/werwirsind/gemeinde/bau/turm zuletzt abgerufen am 29.3.23).

Kontexte und Tipps zum Text
Im Zusammenhang der Flüchtigkeit des Lebens als Dampf oder Rauch könnte auf Paul Celans eindrückliches Gedicht »Todesfuge« hingewiesen werden, besonders auf die Zeilen: »Er ruft streicht dunkler die Geigen dann steigt ihr als Rauch in die Luft dann habt ihr ein Grab in den Wolken da liegt man nicht eng«
Das Motiv des Rauches greift provokativ das menschenverachtende Verhalten der Täter auf, zugleich verweist es auch auf die Opfer, deren einzige Freiheit darin besteht, als Rauch ein Grab in den Wolken zu haben. Möglich ist auch eine Verknüpfung mit der Jahreslosung 2024: Alles, was ihr tut, geschehe in Liebe. (1 Kor 16,14)

Literatur:
Engelmann, Julia, Lass mal an uns selber glauben, München 2021
Harari, Yuval Noah, Homo Deus, München 2017
Konradt, Matthias, Ethik im Neuen Testament, Göttingen 2022
Safranski, Rüdiger, Zeit. Was sie mit uns macht und was wir aus ihr machen, München 2015
Theißen, Gerd, Glaubenssätze, Gütersloh 2012

1. Sonntag nach Epiphanias
1 Kor 1,26–31

Bettina Schwietering-Evers und Olaf Trenn

Erste Begegnung mit dem Text

»Nicht viele Weise ... sind berufen« (1 Kor 1,26). Nur einen Tag nach dem Fest der Erscheinung des Herrn (Epiphanias am 06.01.) können wir gar nicht anders, als in den wenigen Weisen, die Paulus für berufen hält, die Magier aus dem Morgenland zu sehen, die gestern an der Krippe knieten und nun wieder auf dem Wege sind – einem anderen als dem, auf dem sie kamen (Mt 2,12). Gegenüber den ›vielen Weisen nach dem Fleisch‹, die – so Paulus – eben nicht berufen sind, haben jene Wesentliches verstanden, waren nicht in Jerusalem bei Herodes hängen, sondern ihrer wahren Berufung, dem Stern zu folgen, treu geblieben. Und der hielt eben erst über dem Ort an, wo das Kindlein war (Mt 2,9). Erst jetzt sind sie über und über voller (törichter?) Freude (Mt 2,10). Wahre Weisheit hält sich nicht an äußeren Zeichen menschlicher Macht und Erkenntnis auf, sondern fragt genau dort kritisch an, wer dir und mir wirklich etwas zu sagen hat – unabhängig von politischem, gesellschaftlichem und intellektuellem Einfluss: »Was soll ich weiter fragen? Ich habe manches mitgemacht – wem trau ich mehr: der einen Nacht oder den vielen Tagen?« (Die Weisen sind gegangen, Singt Jubilate 14,5). Die wirklich Weisen halten sich zur Krippe – wie die vielen häufig als ›Weihnachtschristen‹ bezeichneten Menschen, die ›nur‹ einmal im Jahr an Heiligabend in den Gottesdienst kommen, von manch einem regelmäßigen ›Gottesdienstgänger‹ kritisiert oder belächelt werden, und allen Unkenrufen zum Trotz alle Jahre wieder etwas Wesentliches in ihrem Leben finden und es auch über die Corona-Jahre nicht aus den Augen verlieren (vgl. dazu: Matthias Morgenroth, Weihnachts-Christentum, unter ›Kontexte‹).

Ein Beispiel für die von Paulus kritisch beäugten ›Vornehmen‹ fällt uns ein, denen Wesentliches – obgleich in ihrer unmittelbaren Nähe – nicht auf- bzw. ein- oder zufällt. Pablo Neruda erzählt diese Begebenheit in seiner Autobiografie »Ich bekenne, ich habe gelebt« (Literaturangabe unter ›Kontexte‹). 1929 ist er, der junge chilenische Dichter, Honorarkonsul in Colombo, der Hauptstadt von Ceylon, also Sri Lanka, dem Inselstaat im Indischen Ozean. Eines Nachts durchquert er die dunklen Vorstädte von Colombo, um an einem Festmahl der englischen ›Kolonialherren‹ teilzunehmen. Aus einem dunklen Haus hört er wunderbaren Gesang. Neruda lässt die Rikscha anhalten und erzählt später: »Die dunklen, in der Farbe und dem Geruch der Nacht verschwommenen Gesichter luden mich ein hereinzukommen. Ich setzte mich still auf die Matten, während die geheimnisvolle menschliche Stimme, die mich zum Bleiben veranlasst hatte, weiter sang (...) Lange Zeit saß ich so, starr vor Zauber der Trommeln und der betörenden Stimme, dann zog ich weiter, trunken vom Rätsel einer unauslotbaren Empfindung, eines Rhythmus, dessen Geheimnis sich aus der ganzen Erde löste. Einer tönenden, in Schatten und Duft gehüllten Erde. Die Engländer saßen bereits am Tisch, in Schwarz und Weiß gekleidet. ›Verzeihen Sie. Ich habe unterwegs angehalten, um Musik zu hören‹, erklärte ich. Sie, die fünfundzwanzig Jahre in Ceylon gelebt hatten, waren auf elegante Weise überrascht. Musik? Hatten die Eingeborenen Musik? Sie wussten es nicht. Das war eine Neuigkeit für sie« (a. a. O., 124 f.).

Die ›Kolonialherren‹ haben kein Gehör für die Gesänge der Einheimischen, sind taub für deren Kultur, Religion, Gesänge und Geschichten. Und andersherum waren und sind es wenige Weise, Mächtige und Vornehme, die genau dafür einen Sinn entwickeln wie nur zum Beispiel Pablo Neruda, Johann Gottfried Herder oder die Gebrüder Grimm.

Zu Beginn eines neuen Kalenderjahres gibt es manch einen guten Vorsatz, nun vielleicht auch diesen aus dem Predigttext: Ich möchte auf dasjenige achten, was Gott mir in die Wiege legt. Auch in 2024 bin ich ein geliebtes Kind Gottes, eine Schwester von Jesus, lebendig, beseelt, neugierig, berufen und erwählt – gerade auch in der Taufe. Das und die kann mir niemand mehr nehmen angesichts all dessen, was mir die Welt abverlangt. Denn im nur scheinbar Geringen liegt über die Maßen erwähltes, kostbares Gottesgut. Auch in mir.

Exegetische Skizze

Das Dumme der Welt (*ta mora tou kosmou*) und die Weisheit (*sophia*) stehen im Zentrum der Perikope und mit diesem ungleichen Wortpaar die Frage nach Berufung und Erwählung der Adressat*innen. Die Dummheit der Welt ist eine Metonymie, der abstrakte Begriff steht für die Person(en), wörtlich genommen ein besitzanzeigender Genitiv: Die Dummheit gehört der Welt, also: Die Welt ist dumm. Das Dumme der Welt hat Gott erwählt. Geht's noch? Mit Luther 2017 lässt sich das leicht – zu leicht? – auflösen: ›Was töricht ist *vor* der Welt, das hat Gott erwählt‹. So kann sich der Glaube an den gekreuzigten, gestorbenen und auferstandenen Christus als eine zwar für die Welt törichte, jedoch aus christlicher Sicht wirksame Wahrheit behaupten. Nichts ist falsch daran. Doch auch die andere Deutung reizt: Gott erwählt das Dumme der Welt, erwählt die dumme Welt. Er erwählt das Törichte, Unnütze, Nichtsnutzige. Kann, ja darf das so stehen bleiben? Eine stoische, akademische Philosophie muss spätestens da die Nase rümpfen. Weise wäre das nicht. Schließlich ist Sophia die höchste der vier Kardinaltugenden: Weisheit, Gerechtigkeit (*dikaiosynae*), Tapferkeit und Mäßigung. Sophia ist – so Goethe – dasjenige logische Denkvermögen und Wissen darum, ›was die Welt im Innersten zusammenhält‹. Sie begreift die wesentlichen Zusammenhänge und leitet aus ihnen ethische Grundsätze ab, die zum richtigen und darum glücklichen Leben führen. Paulus knüpft an die griechische Mainstream-Philosophie seiner Korinthischen Adressat*innen an, spielt mit ihren Begriffen, Systemen und Wertigkeiten, deutet und ordnet sie neu: Nun ist Christus selbst an die Stelle der höchsten Kardinaltugend getreten, löst sie ab und erweist sich insofern als anschlussfähig, als sowohl im Glauben an ihn wie in der griechischen Sophia ein rechtes Maß verborgen und entscheidend ist, nämlich nicht sich selbst, sondern des Herrn bzw. der Sophia zu rühmen. Auf Christus vereinigt Paulus seine vier Kardinaltugenden. Weisheit und Gerechtigkeit übernimmt er aus der Philosophie, eine sichere Sache: Neben die Weisheit tritt die einzige *soziale* griechische Kardinaltugend. Neu hinzu kommen Heiligung und Erlösung – zwei *religiöse* Tugenden Hand in Hand mit zwei *heidnischen*. Bereits im ersten Kapitel seiner Korinther-Korrespondenz glänzt der Völkerapostel durch anknüpfende, adressat*innen-orientierte Theologie.

Weg zur Predigt

Auf dem Weg zur Predigt sehen wir uns im Internet einen sog. ›TED-Talk‹ an. Seit 1984 gibt es diese Innovations-Konferenzen (TED = tecnology, entertainment, design), in denen Menschen verschiedener Wissenschaften und Professionen in ca. 18-minütigen Reden ihr Auditorium davon überzeugen, dass ihre Ideen es wert sind, weltweit verbreitet zu werden. Simon Sineks Rede vom September 2009 ist auf der TED-Talk-Homepage überschrieben mit »How great leaders inspire action« (siehe ›Kontexte‹). Ihm geht es darum aufzuzeigen, dass viele Unternehmen und ihre Leitungen zwar die Frage nach dem *Was* ihrer Leistungen beantworten, jedoch seltener zum *Wie* vorstoßen und am häufigsten die Frage nach dem *Warum* vernachlässigen. Sinek kann nachweisen, dass erfolgreiche Unternehmen sich zuallererst die Frage nach dem *Warum* beantworten, bevor sie klären, *wie* sie dann *was* konkret umsetzen. Sinek sagt: Menschen sind nicht in erster Linie davon überzeugt, *was* du ihnen bietest, sondern *warum* du es tust. Und sie möchten es auch nicht für dich, sondern für sich selber als essentiell, stimmig, richtig fühlen und erleben. Was Paulus hier zu Beginn von 1 Kor klärt, scheint uns in dieselbe Richtung zu weisen: Die christliche Gemeinde in Korinth soll eben nicht auf all jene schauen, die sich als besonders weise, mächtig oder vornehm erweisen oder darstellen. Im (Rück-)Blick auf die Berufung und Erwählung, die im Kontext der Sonntagstexte mit dem Evangelium von der Taufe Jesu (Mt 3,13–17) als ›spiritus rector‹ auch auf die Taufe zielen, liegt das *Warum* fest verankert und ermutigt, tapfer ins neue Jahr zu starten: Im Vertrauen darauf, das vor Gott reicht, wer oder was ich bin, darstelle und vermag; im Wissen darum, dass Gott ein Gott der kleinen, scheinbar unscheinbaren Dinge ist, sie heiligt und erlöst; in der Erkenntnis, dass menschliche Weisheit einen Schritt zurücktritt, ohne sich komplett zu marginalisieren, um einem Christus(-Kind) Platz zu machen, das das *Warum* vollendet verkörpert.

Predigtthema

Zum Beginn des neuen Jahres machen wir uns weder besonders klein, noch besonders groß. Wir machen einfach mal gar nichts. Denn Gott hat schon alles gemacht. Er hat sich an unsere Seite gelegt – als Kind ins Stroh. Das lassen wir uns gefallen. Und dann gehen wir los, wie die Weisen: gerufen vom Stern, unterwegs nicht allein und voller Freude bei Ankunft und Aufbruch.

Vorschläge zur Liturgie

Die liturgische Kommission empfiehlt, das Fest der Erscheinung des Herrn direkt am 06.01. zu feiern, stellt jedoch in Aussicht, es auch am 1. Sonntag nach Epiphanias nachzuholen. Dann erübrigte sich diese Predigtmeditation, es sei denn, es lässt sich aus den Vorschlägen zu beiden Feiertagen eine Art ›corpus mixtum‹ gestalten.

Zur Begrüßung
Wenn dein Boot,
seit langem im Hafen vor Anker,
dir den Anschein
einer Behausung erweckt,
wenn dein Boot
Wurzeln zu schlagen beginnt
in der Unbeweglichkeit des Kais:
Such das Weite.
Um jeden Preis müssen
die reiselustige Seele deines Bootes
und deine Pilgerseele
bewahrt bleiben.
Dom Helder Camara, Aufbruch, aus: Mach aus mir einen Regenbogen, München und Zürich 1981

»Welche der Geist Gottes treibt, die sind Gottes Kinder.« (Röm 8,14)
Gottes Geistkraft treibt uns an, setzt uns in Bewegung, begleitet uns.
Und sie macht Mut für alles Neue, was dieses Jahr bereithält.
Ich will singen von der Gnade des Herrn ewiglich!

Psalm: Ps 89,2–5.27–30

Lieder: EG 440,1–4 All Morgen ist ganz frisch und neu; Singt Jubilate 14,1–5 Die Weisen sind gegangen; EG 73,1–5 Auf, Seele, auf und säume nicht; EG 71,1–4 O König aller Ehren; nach dem Psalm statt Kyrie: Singt Jubilate 38 Meine engen Grenzen, oder Singt Jubilate 133,1–4 Herr, in deine Hände; neue Tauflieder: Singt Jubilate 80 Es ist wahr; Berliner Lieder 69 Anziehend

Vorschlag zur Predigt

Möglicher Anfang

Mehr Sport soll's sein in diesem Jahr, mehr für mich tun, bei Kräften bleiben, endlich wieder verreisen, mich häufiger mal um die Familie und die Freunde kümmern. Dies Jahr wird das Leben besser, dies Jahr werde ich besser! Fest im Blick sind die, die es wohl geschafft haben: die drahtige Frau Jogging, der Nachbar Geschäftsvorstand, die freundliche Ich-atme-durch und Mister Obercool. Die anderen eben. Immer die anderen.

Das neue Jahr ist noch jung und hält jede Menge Planung und gute Vorsätze aus. Das vergangene Jahr hat mir gezeigt, was alles nicht gut lief, was ich nicht erreicht habe und was hätte besser laufen können – es findet sich ja immer etwas. In den 365 Tagen des zurückliegenden Jahres hat sich doch tatsächlich der Blick auf das Defizit immer weiter ausgebreitet in mir, ist gewachsen und groß geworden, hat mein weites Herz, mit dem ich gestartet war, eng und klein werden lassen. Deshalb nun der feste Entschluss: Das werde ich ändern, ich werde es im neuen Jahr besser machen. Voller Elan und neugierig beuge ich mich über den Paulustext, der diesem ersten Sonntag nach dem Epiphanias-Fest zugeschrieben ist. Und ich lese: »Seht doch, Brüder und Schwestern, auf eure Berufung!«

Passt doch, möchte ich rufen, jetzt kommen die Maßstäbe, an denen ich mich messen und abrackern kann. Paulus mahnt mich, er erinnert mich daran, wie Gott sich das gedacht hat mit mir. Und ich werde dem Vergleich nicht standhalten – wie denn auch, Menschenkind, das ich bin. Ich werde mich klein fühlen und schäbig, sündig und schmutzig und dann demütig hervortreten und – wenn es gut läuft – einen Rat bekommen, was ich tun kann, um wenigstens ein wenig meiner göttlichen Bestimmtheit gerecht zu werden. Den Rest kenne ich schon:

Meist schaffen es die anderen. Immer die anderen. Ich eher nicht. Liebe Gemeinde, diesmal läuft es nicht so. Eingeübte, giftige Strukturen werden heute durchbrochen. Die selbstgebaute Abwärtsspirale wird außer Kraft gesetzt. Paulus greift uns unter die Arme und richtet uns auf, massiert uns sanft die Schultern und lässt uns unseren Kopf heben. *Textlesung 1 Kor 1,26–31*

Zum weiteren Verlauf

Ein Gedanke könnte den Weisen aus dem Morgenland gehören (siehe weiter oben).

Ein weiterer Gedanke könnte dem eigenen Gemeindeleben entspringen: Was sieht man, wenn man »dahinter« schaut? Wo fühlen Menschen sich getragen, geborgen, wo wachsen Kräfte aus dem (vermeintlichen) Nichts?

Ein Gedanke könnte der Erzählung von Pablo Neruda folgen: Da »kommt einer vom Wege ab« und wird beschenkt mit dem Leben »der anderen«. Welten öffnen sich, sobald wir »auf Empfang« gehen (siehe weiter oben).

Möglicher Schluss

»*Seht* doch, Brüder und Schwestern, auf eure Berufung.«

Was die Korinther in ihrer Gemeinde zu *sehen* bekommen, ist nicht das, was sie zur Gemeinde macht. Und was wir in unserer Gemeinde, in unserer Kirche zu sehen bekommen, ist auch nicht das, was uns zur Gemeinde macht. Glaube lässt sich nicht durch das Sehen begründen. Was du erkennen kannst, sind Bürokratie, seelische Bedürfnisse und soziale Konflikte, Anpassungen an die Gesellschaft oder Gegenbewegungen, Versuche, den Mitgliederschwund durch Reform- oder Restaurationsbewegungen aufzufangen. Das alles ist zu sehen. Und kaum jemand spricht es einmal gelassen aus: Wir werden nun einmal nicht mehr. Zumindest nicht hier in Deutschland. Es gibt kein Wachsen gegen den Trend.

Was ist zu *glauben?* Hier ist etwas am Werk, was Paulus so beschreibt: Gott hat berufen, Gott hat erwählt. Wir leben aus der Kraft und dem Wort und dem Willen Gottes! Größenwahnsinnig – von außen betrachtet. In dieser vom Tod, von Zerstörungswut, vom Geld beherrschten Welt gibt es keinen Raum, in dem Gott nicht gegenwärtig wäre. Unter den verfeindeten Völkern, Religionen und Klassen dieser Welt nimmt

Friede Gestalt an. Gegen alle destruktiven Tendenzen, die in den Menschen und zwischen den Menschen toben, geschieht Heil und Heilung.

Weisheit leuchtet auf, die kannst du an keiner Hochschule studieren. Gerechtigkeit breitet sich aus. Sie gilt den Schwachen und schützt alles Bedrohte. Heiligung blüht auf in klarer Haltung. Erlösung wird geschenkt. Einfach so. Das alles geschieht, und wir erleben es, spüren das Wunderbare, sehen und staunen, halten inne und fühlen uns beschenkt.

Eine erste Wohlfühlstunde im neuen Jahr ist unser Brief, liebe Gemeinde: eine sinnerfüllte, geistliche, die sich an Gott orientiert und an der Liebe zu den Menschen. Sie entlastet von falschen Ansprüchen gegenüber der Gesellschaft, der christlichen Gemeinschaft und gegenüber mir selbst. Eine Wohlfühlstunde, die das Wesentliche in den Blick nimmt: die Liebe zu den Menschen und zu dem, der die Liebe ist. Die die Wahrheit über uns Menschen aushält und sich an der Größe Gottes freut. Amen.

Gestaltungsidee

Die Predigttexte der VI. Perikopenreihe (Epiphanias: 1 Kön 10,1–13) und hier nun: 1 Kor 1,26–31 eignen sich nur bedingt für eine Predigt zum Taufgedächtnis. Vielleicht gibt es dennoch eine Tauferinnerung für die feiernde Gemeinde rund ums Taufbecken mit Wasser-Kreuz-Zeichen in die Handfläche; und auch die nicht Getauften werden dann selbstverständlich segnend mitbedacht.

Symbole und Aktionen

2023 war ein von der EKD ausgerufenes ›Jahr der Taufe‹ z. B. mit landeskirchlichen Liedwettbewerben und Gestaltungsmaterialien aller Art. Vielleicht fließt rückblickend die eine oder andere Aktivität der eigenen Gemeinde mit in diesen Gottesdienst ein.

Wo es Vertrauen untereinander und Mut zu kleinen Gesprächen im Gottesdienst gibt, könnten ggf. vor der Predigt Murmelrunden zu Vorsätzen im neuen Jahr angeboten werden, alternativ eine kurze Zeit der Besinnung: ›Wie halte ich es mit solchen Vorsätzen?‹ Die Predigt nimmt ja anfangs darauf Bezug.

Kontexte und Tipps zum Text

Luise Schottroff, Der erste Brief an die Gemeinde in Korinth, Stuttgart 2013

Matthias Morgenroth, Weihnachts-Christentum. Moderner Religiosität auf der Spur, Gütersloh 2002

Pablo Neruda, Ich bekenne, ich habe gelebt. Memoiren, Darmstadt und Neuwied 1984

Der TED-Talk von Simon Sinek: https://www.ted.com/talks/simon_sinek_how_great_leaders_inspire_action?language=de

2. Sonntag nach Epiphanias
Hebr 12,12–18(19–21)22–25a

Sylvia Winterberg

Erste Begegnung mit dem Text

Meine erste Begegnung mit dem Text ist geprägt von Erschrecken. Starke, drastische Bilder, die fast an einen Fantasyfilm erinnern, eine Gerichtsandrohung, Opfertheologie, Jesus als Hohepriester – eine fremde Welt tut sich da auf. Und eine Reihe von Fragen tauchen in mir auf: Wer ist das, der so spricht und warum? Zu wem spricht er oder sie mit solchen harschen Worten? Welche Situation bringt einen Menschen dazu, solche Bilder heraufzubeschwören? Der oder die Verfasser*in grenzt sich ab von der jüdischen Tradition – deutet sich hier antijudaistische Deutung an? Ich möchte mich wehren gegen all das und bin dennoch neugierig, diese Fragen zu ergründen. Gleichzeitig stellt sich mir die Frage, wie ich das einer heutigen Zuhörer*innenschaft nahebringen kann und was der Text uns heute sagen kann und soll. Die Vorstellungswelt, die hier anklingt, ist uns vor allem fremd. Am zweiten Sonntag nach Epiphanias kommen wir aus Tagen der mehr oder weniger üppigen Feiern. Weihnachten, der Jahresanfang liegen hinter uns und der Sinn steht uns nach einem stärkenden und frohen Beginn. Ich frage mich, ob wir das Sehnsuchtsbild des Festmahls im Himmel, das hier den Menschen vor Augen gestellt wird, noch im gleichen Maße teilen können. Auch die Möglichkeit, von Gott abgewiesen zu werden, ist uns heute im fünften Jahrhundert nach der reformatorischen Entdeckung des gnädigen Gottes sehr fern. Diese Textpassage war auch für Martin Luther ein Grund, den Text, als »harten Knoten« zu bezeichnen. Das Bild der Wanderung, das sich durch das ganze Buch zieht, scheint mir ein Ansatzpunkt zu sein für uns, auf dem Weg in ein neues Jahr. »Schlaffe Hände und wankende Knie« zu stärken – das könnte auch für uns wichtig sein, angesichts der gegenwärtigen Bedrohungen und Katastrophen. Stimmig dazu ist auch das Bild der Gemeinschaft, die sich gegenseitig unterstützt und aufeinander achtet. Bleiben die Schreckensbilder und die Gerichtsandrohung im Mittelteil und die Blut-Opfertheologie als Herausforderung, die bearbeitet und möglichst nicht unkommentiert bleiben sollten. Wichtig finde ich ebenfalls, deutlich zu machen, von welch anderer und für uns fremden Welt dieser Text spricht, um herauszufinden, wie er auf unsere heutigen Ohren trifft und verstanden werden kann. Das Thema des himmlischen Festmahles könnte liturgisch im Abendmahl aufgegriffen und da als eucharistisches Mahl bewusst formuliert werden – als Stärkung für den Weg ins neue Jahr.

Exegetische Skizze

Der Brief an die hebräischen Gemeinden steht formgeschichtlich, sprachlich und auch theologisch singulär im Kanon des NT. Es gibt 150 griechische Begriffe im Hebr, die nur hier zu finden sind. (C. Rose, Der Hebräerbrief, Göttingen 2019, 16) Weder Abfassungszeit noch Abfassungsort sind bekannt und können nur aus dem Kontext geschlossen werden. Auch die Person des Verfassers ist uns unbekannt, was schon Origenes zu dem Ausspruch veranlasste: »Wer den Hebräerbrief geschrieben hat, weiß Gott allein.« (Rose, a. a. O.; zum exegetischen Kontext siehe W. Kraus, Theologie gegen die Frustration im Hebräerbrief, in: W. Kraus/M. Rösel (Hg.), Update Exegese 2.1, Leipzig 2015 und W. Kraus, Zur Absicht und Zielsetzung des Hebräerbriefs, in: Kerygma und Dogma 60 Jg. 2014/3 Göttingen)
In der neueren Forschung gibt es weitgehenden Konsens, dass der Verfasser ein gebildeter Meister der antiken Rhetorik und interner Kenner der jüdischen Schriften und Tradition ist, der möglicherweise aus Alexandria schreibt. Sein »Wort der Zurede« (Hebr 13,22), wie er den Text selbst nennt, zeugt davon, handelt es sich doch im Wesentlichen um Schriftauslegungen. Als Brief weist sich der Hebräer nur durch den Schluss aus, der den Text wohl in paulinische Tradition stellen sollte. Tatsächlich handelt es sich eher um eine schriftliche Predigt.
Die Adressatengemeinde befindet sich vermutlich in Rom oder im Osten des Römischen Reiches, wie aus dem Text erkennbar wird (Hebr 10,32–34 und 12,12 f.). Die Situation der Gemeinde ist durch sozialen Druck und Ermüdung im Glauben gekennzeichnet. Zwar gab es dort wohl noch keine Märtyrer (Hebr 12,4 f.), aber möglicherweise traf das

auf andere Gemeinden bereits zu. Die Gemeinde bestand wohl aus überwiegend schriftgelehrten, jesuanischen Angehörigen des Judentums, die durch die jüdische Tradition geprägt waren. (»Wir wissen heute, dass es ein definitives ›Auseinandergehen der Wege‹ des Judentums und des Christentums im 1. Jahrhundert noch nicht gegeben hat.« W. Kraus, in: Kerygma und Dogma, a. a. O., 251)

Vermutlich entstand der Hebr in der zweiten nachchristlichen Generation vor 90 n. Chr. – was die Erwähnung des Hebräers im ersten Clemensbrief belegt. Es ist wohl von einer Abfassungszeit zwischen 65 und 90 n. Chr. auszugehen – in der neueren Forschung tendiert man zwischen 80 und 90 als Abfassungsdatum. (Chr. Rose, a. a. O., 18)

Über die theologische Absicht und Zielsetzung gibt es keinen Konsens (vgl. dazu W. Kraus, Zur Absicht und Zielsetzung des Hebräerbriefs, in: Kerygma und Dogma: Hier wird die Forschungslage ausführlich dargelegt). Mit W. Kraus halte ich es für wahrscheinlich, dass der Verfasser auf die Anfechtungen durch die Umwelt reagierte, die dem jungen Christentum zum einen vorwarf, dass es ohne Kult keine richtige Religion sei, und zum anderen, dass die Menschen unter der ausbleibenden Parusie Jesu nachhaltig litten und des Glaubens müde wurden. Der Hebräer leitet aus der Tradition der jüdischen Schriften heraus ab, dass der alte Bund Gottes mit dem Volk Israel nicht nachhaltig gewesen sei, sondern immer wieder wiederholt werden musste. Der »Neue Bund«, der durch die Erhöhung Jesu zur Rechten Gottes bestand, sei aber nun der nachhaltige, der ab jetzt und für immer Geltung hat, die irdischen Opfer daher unnötig macht. Das christliche Bekenntnis braucht daher keinen irdisch sichtbaren Hohenpriester und Opferkult – denn Jesus ist der himmlische Hohepriester, der das Tor zu Gottes ewigem Reich und Festsaal aufgeschlossen hat. In dieser Gedankenwelt ist die versöhnende Wirkung des Blutes Jesu durch sein einmaliges Opfer wichtig, zur Ablösung des Opferblutes der vorher üblichen Tieropfer. Darin steckt keine Abwertung des zeitgenössischen Judentums, denn der Verfasser war ja ehemals vermutlich selbst Jude, sondern die Absicht einer Erneuerung des Bundes und des Bekenntnisses zu Jesus. Dennoch erscheint mir diese Thematik heute zu fremd und in feministisch-theologischer Hinsicht zu fragwürdig, um sie weiter zu verfolgen. »In der kirchlichen Wirkungsgeschichte haben solche Aussagen aber das Gottesbild vergiftet, in dem sie Gott im Bild eines Vaters vorstellen, dessen Liebe untrennbar mit Gewalt verknüpft ist. Eine solche theologische

Rede ist heute im Hinblick auf ihre Wirkung – in der sie immer wieder die Gewalt von Ehemännern und Vätern stützt – der entschlossenen theologischen Sachkritik zu unterziehen.« (U. Wagener, Der Brief an die Hebräerinnen, in: L .Schottroff (Hg.) Kompendium feministische Bibelauslegung Gütersloh 1999/2, 692)

Die Vorstellungswelt des kultischen Opfers hat eine menschenfeindliche und frauenfeindliche Wirkungsgeschichte, die ich hier nicht unterstützen möchte. In V.16 wird Esau als warnendes Beispiel angeführt für diejenigen, die sich dem alten jüdischen Glauben wieder zuwenden. Der Verfasser verlässt hier die biblische Vorlage und folgt der früh-jüdischen Haggada, die ihn später als verworfen und der Unzucht schuldig darstellt, da der Erstgeburtssegen nur einmal gespendet werden kann. (Chr. Rose, a. a. O., 234) Es bleibt zu überlegen, die mittleren Verse 19–21 wegzulassen, um eine antijudaistische Zielsetzung auszuschließen. Da ich versuche, den Text narrativ auszulegen, lasse ich ihn als Ganzes stehen, verfolge diese Themen aber nicht. Für die Predigt vor einem heutigen Publikum entscheide ich mich, das Motiv des »wandernden Gottesvolks« und der stärkenden und tröstlichen Gemeinschaft in den Mittelpunkt zu stellen.

Weg zur Predigt

Die ferne Welt des ersten Christentums mit ihren Bedrohungen und Schwierigkeiten trifft auf unsere Welt des Überflusses und ihren ganz eigenen Herausforderungen und Anfechtungen. Frustration ist es, was uns als Christ*innen eint, ebenso die Aufgabe, in dieser Welt zu bestehen und das Proprium des Evangeliums weiterzutragen. Damals wie heute besteht die Gefahr, dass Menschen sich anders orientieren und sich das Christentum im Nebel der Geschichte verliert. Stärkung und Ermutigung tat damals ebenso not wie heute – das eschatologische Festmahl ist uns im Abendmahl Stärkung für den Weg in die Jahre und Vision über das irdische Leben hinaus.

Predigtthema

Der Zusammenhalt der Gemeinschaft soll uns stärken für die Aufgabe der Christ*innen, die Liebe Gottes im Bekenntnis zu Christus in die Welt zu bringen.

Vorschläge zur Liturgie

Kyrie
Manchmal bin ich ängstlich und verzagt,
wenn ich an die Wege denke, die vor mir liegen:
Keine Kraft in mir,
wie soll ich einen Fuß vor den anderen setzen
auf diesen steinigen Pfaden.
Ich sehne mich verzweifelt nach Sinn,
Sinn, der mir Kraft gibt,
Sinn, der mich den Boden unter den Füßen spüren lässt.
Wo soll ich ihn suchen,
wer kann ihn mir zeigen?
Komm du und beweg mich!

Gloria
Wir haben eine Zusage:
Die auf Gott harren, kriegen neue Kraft,
dass sie auffahren mit Flügeln wie Adler,
dass sie laufen und nicht matt werden,
dass sie wandeln und nicht müde werden.

Kollektengebet
Gott,
du Quelle des Lebens,
du Licht des Glaubens,
wir kommen zu dir
mit unseren Hoffnungen und unseren Träumen,
auch mit dem, was uns beschwert:
Zaghaftigkeit, Mutlosigkeit, Kleinglauben.
Hilf uns jetzt

mit der Weisheit des Geistes,
mit der Klarheit des Glaubens.
Öffne uns für dein Wort und deine Verheißung.
Amen.

Psalm: nach Psalm 100
Alle: Singt und lobt Gott, ihr Menschen, freut euch, wenn ihr in Gottes Namen zusammen seid.

1. Gruppe: Von Herzen freuen sollen sich alle Menschen über Gott, so, dass es ihnen anzumerken ist.
2. Gruppe: Kommt, lasst uns unseren Gottesdienst mit wirklicher Freude feiern!

Alle: Singt und lobt Gott, ihr Menschen, freut euch, wenn ihr in Gottes Namen zusammen seid.

1. Gruppe: Wir können es dankbar sagen: Gott meint es gut mit uns.
2. Gruppe: Gott hat uns lieb wie Kinder, Gott fühlt mit uns, lacht mit uns, und weint mit uns. Gott freut sich mit uns und ist für uns da.
1. Gruppe: Kommt zum Gottesdienst und singt dankbar mit, kommt in Gottes Haus mit offenen Herzen und offenen Sinnen. Lobt Gott und feiert, feiert in Gottes Namen.

Alle: Singt und lobt Gott, ihr Menschen, freut euch, wenn ihr in Gottes Namen zusammen seid.
Halleluja, Gott, ich freue mich!
Psalmtexte für den Gottesdienst, K. Bastian, Beratungsstelle für Gestaltung Frankfurt/Main 1996, 56

Fürbitten
Gott, du Licht der Welt,
lass deinen Stern auch in unserem Leben aufgehen,
damit wir erfahren, dass unsere Suche keine Irrfahrt ist,
sondern ein Heimweg zu dir.
Zeige uns auch in diesem neuen Jahr,
wo wir dich finden können, wo du uns nahe kommst mit deiner Weisheit.

Lass dein Licht in unser Leben scheinen,
damit wir uns selbst annehmen können, so wie wir sind
und dann auch unsere Mitmenschen.
So bitten wir dich auch für das, was uns am Herzen liegt:
für das, was uns in diesen Tagen beschäftigt hat,
für die Menschen, die uns nahestehen
und auch für die, mit denen wir es nicht leicht haben.
Gott, hilf uns, dich in unseren Schwestern
und Brüdern wiederzuerkennen.
Lass uns achtgeben auf Menschen, die unsere Hilfe brauchen.
Wir bitten dich für diejenigen,
die Dunkelheit in ihrem Leben erfahren,
für die Einsamen und Kranken,
für die Enttäuschten und Verbitterten,
für alle, die sich selbst im Wege stehen
und ihre Hoffnungen begraben haben:
Schenke ihnen neue Zuversicht.
Gott, dein Licht will sich ausbreiten.
Lass es auch unter uns hell werden.
Stärke uns mit deiner Weisheit,
erfülle uns mit deiner Kraft,
damit wir auf Erden wissen,
welche Wege wir gehen sollen.
Amen.

Lieder: EG 70 Wie schön leuchtet der Morgenstern; EG 74 Du Morgenstern, du Licht vom Licht; EG (HN) 544 Der Weg ist so lang; EG (HN) 555 Unser Leben sei ein Fest; EG (HN) 616 Auf dem Weg des Hirten; EG Plus 32 Eingeladen zum Fest des Glaubens; EG Plus 83 We are marching in the light of God; EG Plus 84 We are one in the Spirit; EG Plus 112 Gottes Spuren

Vorschlag zur Predigt

Möglicher Anfang
Die Knie zittern, die Muskeln brennen, der Schweiß läuft in Strömen und die Zunge klebt am Gaumen. Eigentlich müsste doch dort, hinter

der nächsten Wegbiegung, das Ziel schon zu sehen sein! Bei einem Blick bergauf wird jedoch klar, dass es noch eine Weile weitergeht – der Weg noch nicht zu Ende ist. Bilder tauchen auf vor dem geistigen Auge und der Schritt wird wieder etwas sicherer, der Griff um den Wanderstock wieder fester ...

Welches Bild taucht nun vor Ihrem geistigen Auge auf, liebe Gemeinde, bei dieser Erzählung? Zumindest diejenigen, die gerne wandern, kennen das ja vielleicht. Wovon träumen Sie da gerade?

Ich nenne ein paar Möglichkeiten, und wenn Sie sie teilen, melden Sie sich doch gerne:

Eine Bank zum Ausruhen?

Ein erfrischendes Getränk?

Eine gemütliche Behausung?

Eine gute Mahlzeit?

Schöne Musik?

Andere Menschen zum Austausch?

Unser heutiger Predigttext nimmt uns mit hinein in eine solche Situation, in der die frühen Christ*innen schon eine Weile gemeinsam unterwegs waren. Vieles war geschehen, was diesen Weg schwierig machte und zur Zeit des Textes deuten sich neue Formen von Unterdrückung und Gewalt an. Folgen wir der Angehörigen einer römischen Hausgemeinde um das Jahr 90 n. Chr. hinein in den Predigttext:

Lange hatte sie überlegt, ob sie heute Abend überhaupt zur Versammlung kommen wollte. Immer gefährlicher wurde es, an den Zusammenkünften ihrer kleinen christlichen Gemeinschaft teilzunehmen. Zwar hatten sie noch keine Märtyrer zu beklagen, wie andere Gemeinden. Von dort hörte man furchtbare Nachrichten, von Mitchrist*innen, die auf grausame Weise umgebracht worden waren. Aber die Anzeichen waren da, dass sie nicht in Sicherheit waren. Einige hatten schon Hab und Gut verloren und lebten nun von dem, was die anderen ihnen abgaben – die römische Regierung hatte sie enteignet. Ihre Mutter und ihr Bruder kamen schon nicht mehr hierher, aus Angst – auch um die Kinder. Ihre Mutter ging nun wieder in den Synagogengottesdienst und ihr Bruder überlegte es zumindest. Der Vorwurf, den sie zu hören bekamen, dass ihr Gottesdienst nicht richtig sei, ohne Hohepriester – er schmerzte manchmal durchaus. Sie durften sich nur noch im ganz Geheimen zum Treffen verabreden und gaben sich Zeichen, wie das des Ichthys – des Zeichens der jungen Christ*innen an Häuserwänden.

Seit sie das Zeichen an der versteckten Stelle entdeckt hatte, überlegte sie, was sie tun sollte, und hatte sich dann dafür entschieden. Sie blickte um sich und lächelnd in die Runde, als sie Platz nahm, und stellte fest, dass es einige waren, die bereits fehlten. Da ging die Tür noch einmal auf und ihr Bruder kam verstohlen zum Platz gehuscht. Erleichtert lächelte sie ihm zu, doch sein Lächeln blieb halbherzig.

Dann öffnete sich die Tür ein weiteres Mal und die Gemeindevorsteher kamen herein. Eine zog die Schriftrolle hervor, aus der sie heute weiterlesen würde, und sie hörten:

Hebr 12,12–18(19–21)22–25a (nach der Übersetzung der BigS)

Auf dem Heimweg, den sie wie immer alleine zurücklegte, um nicht aufzufallen, war sie sehr nachdenklich. Die Worte der Schriftrolle waren schon beim letzten Mal nicht gut angekommen – Stimmen des Protests waren zu hören gewesen. Ja, es war hart, was da zu hören war, einerseits. Aber es war auch bekannt, dass die Gemeinde des Verfassers der Worte sehr viel härter betroffen war von den Verfolgungen des Kaisers. Man hörte die Verzweiflung und die Angst aus den Worten heraus, dass die Gemeinschaften zerfallen würden. So groß war seine Überzeugung, dass der Weg des Christus der einzig richtige war, dass ihm jedes Mittel recht war. Und so argumentierte er mit allen Regeln seiner Kunst – redete quasi mit Engelszungen, um sie zu überzeugen. Der Schreiber kannte sich gut aus in den Heiligen Schriften und auch in den Traditionen des Judentums. Und er hatte ja auch schon recht: Esau war, wie die Rabbiner später festgestellt hatten, verworfen worden. Aber es war doch sehr grausam, sich das zu überlegen für diejenigen, die ihr nahestanden, oder gar sich selbst. War es nicht verständlich, dass einige aus Angst und Sorge um die Familie lieber wieder zum alten Glauben zurückkehrten? Und schließlich: Er war nicht gekommen, wie versprochen – Christus, der Auferstandene. Sie hatten darauf gewartet, gehofft, bei allem, was passierte. Dass sich der Himmel endlich auftun würde und Christus in seiner Herrlichkeit zu ihnen herabkam – sie zu sich nehmen würde. Das hatten sie sich erträumt und ausgemalt, doch es war bis heute nicht geschehen. Viele waren deswegen enttäuscht und frustriert und sie konnte es verstehen. Das Bild des Hohepriesters Jesus auf dem Thron neben Gott dem Vater im himmlischen Festsaal mit all denen, die vor ihnen schon dort waren, kam ihr wieder in den Sinn und sie spürte, dass sie sich dabei freudig entspannte. Das war schon eine wunderbare Aussicht, was da auf sie wartete. Der Weg des Christus war ihrer geworden und sie stand weiter dazu, das spürte sie auch wieder ganz deutlich. Dann würde der Weg eben länger dauern und auch beschwerlicher werden als gedacht. Aber die Aussicht auf die festliche Gemeinschaft in Gottes Nähe war die Sache wert. Es hatte gutgetan, mit den anderen zusammenzusein, die Nachrichten aus den anderen Gemeinden zu hören und zu wissen: Sie waren nicht allein unterwegs zum Berg Zion. Das Bekenntnis und die gemeinsamen Gebete waren ihr wieder leichter von den Lippen gekommen. Weiterhin würden sie zusammenhalten und sich um die Alten und Kranken kümmern – denen beistehen, die den römischen Behörden in die Hände gefallen waren. Aber sie würde es auch nicht aufgeben, sich um ihre Mutter zu bemühen und alle, die der Gemeinschaft den Rücken gekehrt hatten. So grausam konnte Gott einfach nicht sein, sie zu verdammen – es waren doch auch Menschen, wie sie alle! Selbst dann, wenn sie sich endgültig für einen anderen Weg entschieden. Ein Satz aus einer Lesung aus dem Evangelium des Matthäus kam ihr in den Sinn: »Kommet her zu mir, alle, die ihr mühselig und beladen seid, ich will euch erquicken!« Ein wunderbarer Satz zum Aufatmen war das und die Einladung galt doch allen Menschen. Vielleicht war es ja doch nicht ganz so schrecklich und ihre Mutter konnte wieder aufgenommen werden. Sie würde niemals aufgeben, das zu hoffen.

Eine ferne, uns fremde Welt tut sich da auf und wir hören und spüren förmlich die Sorgen der damaligen Menschen. Das alles ist uns fremd – oder?

Zum weiteren Verlauf

Vielleicht spüren wir aber ebenso die Ermüdung im Glauben, die Überlegung, ob wir noch hingehen sollten zum Gottesdienst – nur aus anderen Gründen. Wir werden zwar nicht verfolgt und sozial ausgegrenzt, aber oft genug belächelt. Und wenn wir uns für den Gottesdienstbesuch und die Mitarbeit in der Kirchengemeinde entscheiden, müssen wir auf vieles andere verzichten: Das Angebot der eigentlich ebenfalls wichtigen Aktivitäten ist groß. Und schließlich: Ist die Welt etwa friedlicher oder ärmer an Katastrophen geworden in den 2000 Jahren seit Christi Tod am Kreuz? (Hier könnten die aktuellen Gründe der Frustration ergänzt werden.)

Was haben wir gewonnen in diesen vielen Jahren, in denen die christlichen Kirchen auch beteiligt waren an Machtmissbrauch und Gewalt?

Wie sieht unser Traum aus, der uns am Ende des Wegs erwartet? Eine friedliche Welt? Das Ende aller Diktaturen, Ungerechtigkeiten? Weltweites Handeln zum Eingrenzen des drohenden Klimawandels? Ein Wiedersehen mit denen, die uns fehlen?

Ich fürchte, dies alles ist uns oft genug sehr fern. Vor allem dann, wenn es uns hier eigentlich an wenig fehlt. Gerade haben wir ein Weihnachtsfest gefeiert. Sicher haben wir nicht in Saus und Braus gefeiert, aber doch so, wie wir es uns vorgestellt haben – mit einem oder mehreren Festessen, mit mehr oder weniger gelungenen Geschenken, feiern in einem schönen Ambiente. Für die überwiegende Mehrzahl von uns ist vieles von dem Wirklichkeit, was sich die Menschen damals erträumten. Die größte Furcht hierzulande ist doch wahrscheinlich, die vor dem Ende unseres gewohnten Lebensstandards – dem Ende unseres »Himmels auf Erden«. Eine Angst davor, von Gott verworfen und unwürdig geachtet zu werden, damit ist heute sicher niemand mehr zu erschrecken. Wir haben überdies gelernt, diese Art der Motivation durch Angst zu vermeiden, denn erfahrungsgemäß erzeugt sie eher Widerstand und Aggression.

Was fehlt uns und könnte uns hinzugegeben werden – unsere hängenden Hände und wankenden Knie wieder stärken?

(möglicher Austausch: Was könnte Sie stärken?)

Möglicher Schluss

Heilung ist für mich das Wort, das in mir nachklingt. Denn auch bei allem Leben in einem irdischen Himmel, in dem wir uns selbst materiell vieles verwirklicht haben, sind doch nur wenige Menschen wirklich zufrieden und glücklich. Körperliche und geistige Gesundheit, friedliches Miteinander unter uns – allein das ist mit Geld nicht zu kaufen und herzustellen. Daneben, oft übersehen, gibt es ja auch Viele ganz nah und weltweit, die dieses Leben in materiellem Wohlstand nicht teilen und auf deren Kosten wir anderen sogar leben. Auch sind die Bedingungen, das Lebenstempo, die Maßstäbe, die gesellschaftlich hochgehalten werde, nicht für alle Menschen gut zu ertragen und führen wiederum zu Frustration.

Heilung bedeutet für uns alle einzeln etwas anderes und der gemeinsame Nenner fehlt. Das, was die Menschen vor 2000 Jahren zusammenhielt, die gemeinsame Angst, die gemeinsame Entbehrung und die gemeinsame Entdeckung des christlichen Lebens – das ist für uns in jedem Fall anders. Vielleicht sind wir allerdings wieder auf dem Weg dorthin und die Angst vor dem nächsten Weltkrieg und die Furcht vor der unumkehrbaren Veränderung des Klimas wird uns wieder einen.

Der Verfasser des Schreibens an die hebräische Gemeinde weist einen Weg zur Heilung auf: »Ebnet die Wege mit euren Füßen, damit lahme Menschen nicht vom Weg abkommen, sondern vielmehr geheilt werden. Jagt mit allen dem Frieden und der Heilung nach« (BigS). Nach einer anderen neuen Übersetzung heißt das: »Und schafft für eure Füße gerade Pfade. Denn was lahm ist, soll nicht auch noch fehltreten, sondern geheilt werden. Bemüht euch um Frieden mit allen Menschen und auch um Heiligkeit.« (Basisbibel)

Gefragt nach ihrer Work-Life-Balance, antwortete der größte Teil junger Menschen in einer Runde, dass ihnen die Gemeinschaft besonders wichtig sei. Und in meiner achten Hauptschulklasse freuten sich ausnahmslos alle Jugendlichen vor allem auf Weihnachten als ein Familienfest. Gemeinsam hat man bekanntlich weniger Angst und fühlt sich weniger ohnmächtig als alleine.

Zwar können wir heute Menschen unseres Jahrzehntes mit der Aussicht auf ein Festmahl im Himmel nicht mehr hinter dem Ofen vorlocken, die Wichtigkeit des Zusammenhalts, der Gemeinschaft und der Freundschaft sind heute jedoch mindestens so schwergewichtig wie damals vor 2000 Jahren – wenn auch die zugrundeliegende Angst eine andere ist. Gemeinsam mit den Menschen dieser Zeit ist uns die große Aufgabe der Christinnen und Christen, die Liebe Gottes in die Welt zu bringen und überall zu bezeugen – heute angesichts von schwindendem Respekt vor den anderen wieder ganz besonders.

Und schließlich gilt die Einladung Jesu auch uns: Kommet her zu mir ... Erfrischung und Erneuerung tun auch uns gut – nehmen wir die Einladung zu einem himmlischen Festmahl als schöne Zugabe an und feiern wir dies schon jetzt bei jedem Abendmahl – auch wenn das Bild Jesu als Hohepriester uns sehr fremd ist und bleibt!

Gestaltungsidee

An zwei Stellen lassen sich – evtl. auch in schriftlicher Form – Predigtgespräche einfügen: im Eingangsteil bei der Frage nach der Erfrischung nach der Wanderung, im Mittelteil nach der Frage, was könnte uns gut tun.

Es bietet sich an, in diesem Gottesdienst Abendmahl zu feiern mit einem Schwerpunkt auf dem eschatologischen Aspekt.

Kontexte und Tipps zum Text

Wir sind noch nicht im Festsaal angelangt, aber wir sind eingeladen. Wir sehen schon die Lichter und hören die Musik!
Ernesto Cardenal

3. Sonntag nach Epiphanias
2 Kön 5,(1–8)9–15(16–18)19a

Florian Gärtner

Erste Begegnung mit dem Text

Zeichen und Wunder werden geschehen ... dieser Satz springt in meinen Kopf, wenn ich den Text lese. Es ist eine geschichtliche Erzählung und lässt sich deshalb auch gut lesen, obwohl es in ferner Zeit an einem fernen Ort spielt. Hier galten noch ganz andere moralische Vorstellungen – andere Werte. Da wurden junge Mädchen geraubt und als Sklavinnen gehalten. Überhaupt, was muss das für eine starke Frau gewesen sein. Entführt und wahrscheinlich als Sklavin im Haus, hört sie von der Notlage des Feindes – als solchen wird sie den Hauptmann der Armee, die sie entführt hat, wohl gesehen haben – und gibt ihm trotzdem den Tipp, nach Israel zu gehen. Entweder hat sie die beschriebene Not des Hauptmannes so angerührt, dass sie nicht anders konnte, oder die Erinnerung an die Heimat und die Hoffnung auf Frieden haben sie getrieben, oder beides. Auf jeden Fall fasziniert mich diese junge Frau, ohne sie wäre Naaman nie mit Elisa zusammengekommen. Überhaupt ist die Geschichte immer wieder überraschend. Der König von Israel sieht in dem Brief mit der Bitte, zur Heilung zu kommen, eine List – nach dem Motto: Klar, er will geheilt werden, und wenn es nicht klappt, fängt er Krieg an – das Heilungsersuchen als Kriegslist. Dann ist Naaman da und Elisa kommt nicht zu ihm – was für eine Provokation! Aber ist es das wirklich? Und wieder sind es Diener, Abhängige, die die Wende bringen, die einen anderen Blickwinkel anbieten – heute würde man reframing sagen. Mächtige Menschen erwarten mächtige Ereignisse – nur, wenn man sie entsprechend begrüßt, würdigt und ihnen etwas Mächtiges auferlegt, kann auch etwas Unglaubliches wie eine Heilung geschehen. Aber Gott ist anders, Gott wirkt in den vermeintlich kleinen Menschen, den Abhängigen und Sklaven, den kleinen Gesten. So wirkt er und schafft damit viel mehr als nur die Heilung Naamans. Er schafft ein turn around – eine absolute Veränderung –

also viel mehr, als nur die Heilung des Aussatzes. Zeichen und Wunder geschehen in diesem Text, als einfache Geschichte kommt er daher und trägt eigentlich alles in sich, was wir über unseren Gott wissen müssen. Bei mir schafft das Vertrauen und Hoffnung. Gott wirkt im Großen, aber gerade auch im Kleinen und durch die »Kleinen«. Am 3. Sonntag nach Epiphanias ist das kleine, große Wunder der Menschwerdung Gottes in einem kleinen Kind in der Krippe noch präsent und so gestärkt gehe ich an die Exegese und Predigt!

Exegetische Skizze

Zunächst darf man sich durch die Aufteilung in zwei Bücher nicht irritieren lassen. Ursprünglich war es ein Geschichtsbuch, das die Geschichte Israels und Judas erzählt. »Die Königsbücher führen von dem Tod Davids [...] über die Geschichte der beiden Reiche bis zur Zerstörung Jerusalems und dem babylonischen Exil.« (Schmidt, W. H., Einführung in das Alte Testament, 157) Die Beschreibung deckt in etwa 400 Jahre ab und lässt sich gut in drei Teile teilen: Salomos Zeit (1 Kön 1–11), die Geschichte der beiden Reiche Israel und Juda (1 Kön 12–2 Kön 17) und dann Judas Geschichte bis zum babylonischen Exil (2 Kön 18–25). Die Königsbücher sind aber Bestandteil eines größeren Werkes. »In der neueren Forschung werden die Beziehungen zwischen Dtn und Jos–2 Kön meist damit erklärt, dass es ein deuteronomistisches Geschichtswerk (DtrG) von Dtn 1–2 Kön 25 gab.« (Boecker, H. J., u. a., Altes Testament, 129) Durch diese zusammenfassende Redaktion und Anpassung haben auch einzelne Propheten-Erzählkreise den Eingang in das Werk gefunden, zum Teil mit redaktionellen Anpassungen an die geschehene Geschichte. Diese Redaktion fand wohl vor allem aus der Perspektive Judas statt, als Vergewisserung nach und in der Exilierung. Allerdings kommt in unserer Perikope gerade das Nordreich zur Sprache. Grundsätzlich wird auch immer wieder Gottes Handeln durch die Propheten dargestellt – Gottes geschichtsveränderndes Handeln! Abschließend lässt sich mit Herbert Niehr zusammenfassen: »Der *zweite* Teil (1 Kön 12,1 – 2 Kön 17,41) hat die Zeit von der Reichstrennung bis zum Untergang Samarias zum Thema. Die Darstellung erfolgt synchron, d. h. die gleichzeitig regierenden Könige Judas und Israels werden wechselweise vorgestellt gemäß der Chronologie ihrer jeweiligen Thronbesteigung. Dieser Teil ist vor allem vom strukturellen Antagonismus Prophetie – Königtum bestimmt, wobei die agierenden Propheten (vor allem Elija und Elischa) als Kämpfer für den Ausschließlichkeitsanspruch JHWHs und als Boten der Umkehr bzw. des Gerichts gezeichnet werden.« (Niehr, H., in: Zenger, E. u. a., Einleitung in das Alte Testament, 219)

In unserer Perikope kommt dies gut zum Ausdruck in der Reaktion des Königs und der Aktion des Propheten. Gerade die »Kleinigkeit« der Aufgabe erweist die Kraft JHWHs!

Die Komplexität der Entstehungsgeschichte dieser Perikope lässt es m. E. deutlich geraten sein, vor allem die nun vorliegende Version zu interpretieren und sich auf die Deutungsebene des deuteronomistischen Geschichtswerkes zu begeben. Diese Redaktionsebene zeigt die zentrale Bedeutung Elisas im Nordreich. In der Reaktion des Hauptmannes, aber auch in der des Königs, zeigt sich die aus der Sicht der Redaktion falsche Wahrnehmung der Wirklichkeit durch die Handelnden. In der Handlungsanweisung Elisas an Naaman zeigt sich gerade die Macht und Kraft JHWHs, die sich dann auch dem Hauptmann erschließt.

Weg zur Predigt

Die Predigt am dritten Sonntag nach Epiphanias ist noch im Weihnachtskreis. Das Kernmotiv ist, dass Gott im Kleinen Großes wirkt. Dass Gott in den Schwachen mächtig sein kann und will, ja, auch in den kleinen Gesten und Handlungen, findet sich dieses Motiv u. a. auch in dieser Perikope wieder. Gerade deshalb halte ich den Weg über das wundernde Ablehnen des Hauptmanns Naaman auf den »einfachen« Vorschlag Elisas für die beste »Einflugschneise«. Ich glaube, dies ist eine Erfahrung die viele Hörer:innen kennen. Man betet zu Gott, erhofft sich etwas, Zeichen und Wunder, und es geschieht – vermeintlich vielleicht – nichts. Ich jedenfalls warte durchaus auf ein großes Wirken Gottes und erbitte und erbete mir aber die Einsicht für kleine Zeichen ...

Predigtthema

Predigtthema ist das Vertrauen auf das Handeln Gottes im Kleinen und durch die »Kleinen«. Dieser Hoffnung Glauben zu schenken, kann neue Perspektiven in den großen, globalen Krisen eröffnen und Handlungsfähigkeit erhalten.

Vorschläge zur Liturgie

Votum: Im Namen Gottes, der uns ins Leben ruft, im Namen Jesu, der die Kleinen und Großen besucht, und im Namen des Heiligen Geistes, der uns stärkt und am Leben erhält. Amen.

Gebet zum Eingang
Guter Gott,
wir leben in einer Welt,
die uns manchmal grausam und beängstigend erscheint.
Wir sind durcheinander und suchen nach deinem Willen.
Manchmal scheint der Mächtige zu triumphieren.
Lass uns heute hier im Gottesdienst Kraft sammeln,
stärke uns, weil du auch im Kleinen wirkst und die Welt veränderst!
Hilf uns, nach deinem Willen in dieser Welt als Christen zu leben.
Dies bitten wir dich durch unseren Bruder Jesus Christus.
Amen.

Psalm: Aus Psalm 86 EG (Pfalz) 747 oder auch die Seligpreisungen EG (Pfalz) 785

Lesung: Mt 8,5–13

Fürbitte
Heiliger Gott,
du kommst zu uns und gibst uns deine Kraft.
Du willst, dass wir in Frieden leben
zum Wohle deiner Schöpfung.
Und doch ist das Leben bedroht.

Wir bitten dich, sende deinen Heiligen Geist auf alle Menschen,
dass sie friedlich leben und deine Schöpfung bewahren.
Wir rufen zu dir:
G: Herr, erbarme dich! Oder: Kyrie-Ruf (EG 178)

Bruder Jesus Christus,
du bist zu den Großen und Mächtigen
und zu den Kleinen und Schwachen gegangen.
Sei bei uns und mache uns stark im Kleinen und Großen,
in der Familie und der Gesellschaft.
Sei bei den Menschen, die Verantwortung tragen,
und zeige uns die Verantwortung und Aufgabe,
die für uns bestimmt ist.
Zeige uns dein Reich und lass uns danach streben.
Wir rufen zu dir:
G: Herr, erbarme dich! Oder: Kyrie-Ruf (EG 178)

Schwester Heiliger Geist,
durchwebe und umflute uns.
Schenke uns Weisheit, Mut und Kraft,
uns unserer Unterschiedlichkeit bewusst zu sein
und dies als dein Geschenk an uns zu begreifen.
Begeistere und begabe uns, im Großen und im Kleinen.
Dies bitten wir dich und rufen zu dir:
G: Herr, erbarme dich! Oder: Kyrie-Ruf (EG 178)

Gott Vater, Sohn und Heiliger Geist,
du bist bei uns auch in schweren Zeiten.
Bei dir wissen wir unser Klagen und Trauern geborgen.
Heute denken wir besonders an ...
Bitte stehe allen bei in Leid und Trauer.
Lass niemanden allein sein auf diesem Weg
und wecke in uns das Gespür für unsere Mitmenschen,
ihnen beizustehen, wenn sie unsere Hilfe brauchen.
Wir rufen zu dir:
G: Herr, erbarme dich! Oder: Kyrie-Ruf (EG 178)

Alles, was wir nicht sagen können, was uns aber belastet und hemmt auf dem Weg zu deinem Reich, legen wir in das Gebet, das du uns geschenkt hast, wenn uns die Worte fehlen:
Vater unser im Himmel ...

Lieder: EG (Pfalz) 633 Alle Knospen springen auf; EG 383 Herr, du hast mich angerührt; EG 545 Mache Dich auf und werde licht; EG (Pfalz) 612 Damit aus Fremden Freunde werden; EG (Pfalz) 628 Ich lobe meinen Gott, der aus der Tiefe mich holt

Vorschlag zur Predigt

Möglicher Anfang

Liebe Gemeinde, heute werde ich Ihnen predigen, ich werde predigen, obwohl ich es gerade oft nicht so sehe oder sehen kann. Obwohl ich es oft nicht glaube – aber aus tiefstem Herz hoffe. Unser Gott, liebe Gemeinde, unser Gott handelt für uns Menschen. Er handelt auch heute und er handelt gerade auch im Kleinen und durch die vermeintlich »Kleinen« und dann bewirkt er auch »Großes«. Genauso wie im heutigen Predigttext. Da ist das junge versklavte Mädchen, das den Tipp mit dem Propheten gibt. Sie, die verschleppt wurde, gibt den Startimpuls zur Heilung des Feindes. Da sind die Diener Naamans, die ihrem Boss eine alternative Sichtwiese anbieten und auf deren Rat der Hauptmann seinen Stolz vergisst, es mit der einfachen Lösung doch probiert und geheilt wird. Alles »kleine« Menschen, Abhängige, ja, fast machtlos Ausgelieferte, die hier handeln und die dadurch Wendung bringen.

Liebe Gemeinde, es steckt noch so viel mehr in der Geschichte – zum Beispiel, wie unterschiedlich man Gesten verstehen kann. Hier in der Geschichte die reichen Geschenke der Aramäer und die Interpretation durch den König von Israel – das hätte ins Auge gehen können. Oder das Nicht-Erscheinen Elisas und die negative Interpretation durch Naaman. Wie schnell hätte aus dieser Situation ein Krieg und damit viel Unheil entstehen können. Die Welt ist zerbrechlich und manchmal hängt es an einer falsch interpretierten Geste oder an einem nicht gemachten Besuch und das Unheil nähme seinen Lauf – oder eben nicht, wenn die »Kleinen« im »Kleinen« helfen.

Mich motiviert diese Geschichte immer wieder, nicht aufzugeben, für das Gute und Richtige einzutreten, andere Blickwinkel einzunehmen und auch mal eher zu vertrauen und einen Versuch zu wagen, als misstrauisch zu sein.

Oft habe ich nach Gesprächen und Konflikten schon gemerkt, dass Vieles zu verhindern gewesen wäre, wenn man im »Kleinen« aufmerksamer gewesen wäre und selbst das »Kleine« nicht so »überinterpretiert« hätte.

Zum weiteren Verlauf

Im weiteren Verlauf würde ich nun Beispiele aus Familie, Beruf und Gemeinde wählen, wo dies deutlich wird. Immer mit beiden Perspektiven – der Perspektive, »Kleines« nicht überzubewerten, und auf der anderen Seite gerade auch dem »Kleinen« und den »Kleinen« Aufmerksamkeit zu geben, weil sie entscheidend sind. Ggf. könnte man auch das Sprichwort »Kindermund tut Wahrheit kund« oder an Matthäus 21,16 anknüpfen: »Jesus sprach zu ihnen: Ja! Habt ihr nie gelesen: Aus dem Munde der Unmündigen und Säuglinge hast du Lob zugerichtet« (Psalm 8,2).

Alternativ kann man eine Naturmetapher nehmen – Senfkorn, Wurzel von Bäumen oder auch Bambus – alles kraftvolle Geschöpfe Gottes.

Beispielhaft: Liebe Gemeinde, Gott ist in den Kleinen mächtig – Gott macht das Kleine groß. Vielleicht haben Sie diese Sätze schon öfter gehört. Mir fällt es meistens schwer, dies zu glauben, und doch erlebe ich es selbst manchmal so. Es sind die kleinen Gesten von Menschen, die mich oft berühren. Ein Blick, ein Satz, ein Wort, das mir im Gedächtnis bleibt und mich trägt. Denken Sie mal zurück an Situationen mit Menschen, vielleicht an Weihnachten oder Silvester, Schulbeginn oder Urlaub. Diese kleinen, stillen Augenblicke wirken wie Samen, die einem ins Herz gepflanzt werden. Samen, die klein sind, aber aus denen sich Großes entfaltet. Vielleicht bekommen Sie neues Zutrauen zu Ihren eigenen Fähigkeiten oder gehen unbefangener auf Menschen zu. Die wundervollen Samen sind Balsam für die Seele und die eigene Entwicklung.

Leider gilt dies auch allzu oft umgekehrt. Ein kleiner Blick, eine Bemerkung, eine unbedachte Geste, und auch dies setzt sich fest, frisst sich in die Seele ein und kann zerstörerischer wirken für Beziehungen zu

Menschen, aber auch für das eigene Selbstbild. Hier merkt man oft, wie etwas Kleines ganz schön mächtig wird – leider negativ.

Aber diese Macht, diese Kraft hat das »Kleine«, die Macht, die Kraft hat auch der »kleine« einzelne Mensch für das Gute.

Möglicher Schluss

Liebe Gemeinde, Gott ist im »Kleinen« aktiv, er ist auch im »Kleinen« mächtig. Das schränkt seine Kraft und Energie in keinster Weise ein, sondern zeigt nur, wie wichtig das »Kleine« und die »Kleinen« sind. An Weihnachten geboren, von den Weisen gefunden und angebetet, ist unser Gott groß und mächtig im Detail. Das ist wunderbar. So viele Zeichen und Wunder Gottes kann man im »Kleinen« finden, die Gott uns zeigt und sendet. So viele Dinge können wir gestalten und verändern, da Gott in den »Kleinen« wirkt. Kein »es hat ja eh keinen Sinn«, oder »die da oben« hören eh nicht, sondern ein »Du bist wichtig und wirkmächtig«. Gott sendet durch Dich und mich Zeichen und Wunder in diese Welt. Sei Teil davon, wundere dich, sei sensibel im »Kleinen«, und es wird mächtige Veränderungen geben im »Großen«. Amen.

Gestaltungsidee

Nutzt man in der Predigt eine Naturmetapher, bietet sich hier an, dies als »Mitgebsel« zu gestalten. D. h. Kressesamen oder Senfsamen – kleine Töpfe mit Vergissmeinnicht gibt es auch im Handel.

Auch könnte ein konkretes Projekt vor Ort durch eine »kleine« Unterschrift gestärkt oder verhindert werden – insgesamt bietet sich ein solcher Gottesdienst als Auftakt für ein Gemeindeprojekt an, bei dem es viele Beteiligte braucht.

Kontexte und Tipps zum Text

Heiko Bräuning, Hoffnungsgeschichten – 22 wahre Lebensberichte, Cap-Verlag Andreas Claus e. K.

Oder einfach mal im Internet suchen unter »Hoffnungsgeschichten« und dem bekannten Satz »wo viele kleine Menschen, an vielen kleinen Orten ...«

Julia Neuschwander

Erste Begegnung mit dem Text

Kikeriki! Wenn dreimal der Hahn kräht, wirst du mich verraten haben. Es ist schon beschämend: Dieser Petrus brüstet sich noch kurz zuvor im Brustton der Überzeugung, dass er Jesus bis ins Gefängnis, ja, bis in den Tod folgen wird – und wenig später bricht seine ganze Glaubensfestigkeit wie ein Kartenhaus in sich zusammen. Dreimal bestätigt er am Lagerfeuer, dass er – der galiläische Mann – nicht zu diesem Jesus gehöre. Er schämt sich, er weint, er steht – gerade vor Jesus – jetzt wirklich schlecht da. Haben dies die Jünger und Jüngerinnen um Jesus mitbekommen? Hat er als nächstes noch ihren Spott zu fürchten nach dem Motto »Ein Unglück kommt selten allein« oder »Wer den Schaden hat, braucht für den Spott nicht zu sorgen«?

Dass Menschen gerne »Wasser predigen und Wein trinken«, ja, dass Menschen gerne hart und klar über andere urteilen, aber dasselbe selbst gar nicht einhalten können, das erleben wir häufig – und ertappen uns auch selbst dabei. Gerade jetzt im dringlichen Aufbruch in Richtung klimafreundlichen Handelns, Energiesparen, Ressourcen Schonen usw. fällt es leicht, bei anderen Flüge in den Urlaub als umweltschädlich zu verurteilen. Gleichzeitig gelingt es oft selbst nicht, beispielsweise den eigenen kleinen Haushalt in die plastik-(verpackungs-)freie Zone zu überführen oder das Auto stehen zu lassen.

Exegetische Skizze

Für diese Perikope (zu deutsch: ein rings umhauenes Stück) wurden gleich zwei Textstücke aus dem gesamten Kapitel herausgehauen, die tatsächlich eine Art Erzähleinheit geben: In Vers 31–34 kündigt Jesus selbst an, dass Petrus ihn dreimal verleugnen wird, ehe der Hahn kräht.

Gleichzeitig kündigt Jesus hier schon den weiteren Auftrag an Petrus an: »Wenn du dann umkehrst, so stärke deine Brüder«. Die Verse 54–62 lassen das wahr werden, was vorab in den Versen 31–34 beschrieben wird. Jesus spricht in Vers 31 davon, dass der »Satan« es ist, der »euch sieben« wird »wie den Weizen«. Ein Bild, das beschreibt, dass kleine Steinchen, Körnerhüllen, Strohreste und weitere wenig essbare Teile im Sieb hängen bleiben, während der gute, pralle, nahrhafte Weizen durch das Sieb hindurchfällt.

Petrus wird – um im Bild zu bleiben, wie wir später in den Versen 56–60 erfahren werden – keins dieser prallen nahrhaften Weizenkörner sein, die durch das Sieb fallen und etwa im Anschluss zu gutem, nährendem Brot verarbeitet werden können, sondern er wird als das ungenießbare Etwas im Sieb hängenbleiben. Ein hartes Bild. Wir erfahren in diesen vorangestellten Versen auch, dass Jesus selbst für Petrus gebetet habe, dass sein Glaube nicht aufhöre. Dennoch wird Petrus – wie es die Verse 54–62 zeigen werden – seine Zugehörigkeit zu diesem Jesus dreimal verleugnen, wie Jesus es ihm selbst vorher gesagt hat. Der Satan sei es, der, nach Deutung der Verse 31–34, unter der Jüngerschaft die »Spreu vom Weizen« trennt. Und Petrus gehört nach Vers 54–62 zunächst ganz klar zur Spreu.

Das 22. Kapitel im Lukasevangelium enthält einen bunten Reigen verschiedener Themen, eingeflochten in die Erzählungen von Jesu Abendmahl, Gebet im Garten Gethsemane, Gefangennahme im Haus des Hohenpriesters, Verspottung und Verhör vor dem Hohen Rat. Es sind Themen, die möglicherweise für die jungen christlichen Gemeinden eine wichtige Bedeutung gehabt haben. Es werden darin wichtige Fragen zu ihrem eigenen Zusammenleben als junge Christ*innengemeinde beantwortet. Eingeflochten in den Zeitstrahl der Ereignisse rund um Jesu Passion erscheinen Aussagen und Texte, die vermutlich ganz konkrete Aspekte der aktuellen Situation vieler jungen christlichen Gemeinden aufgreifen. Die Situation der Gemeinden war demnach durch Anfechtung der Christ*innen von außen geprägt, vielleicht auch durch Christ*innen-Verfolgung. Das heidnische oder anders geprägte Umfeld machte es den Christ*innen vermutlich nicht leicht, bei ihrem Glauben zu bleiben und sich offen dazu zu bekennen. Auf aktuelle Fragen dieser Christ*innen könnte das 22. Kapitel des Lukasevangeliums »by the way« Antwort gegeben haben.

Weg zur Predigt

Wie verhält sich die junge Christ*innengemeinde untereinander? Sie hält Tischgemeinschaft im Gedächtnis an Jesus mit denen am Tisch, die Christus verraten. Wie verhalten sich die Christ*innen hierarchisch untereinander? Es gibt keinen Höheren oder Niedrigeren unter ihnen, keinen Vornehmeren oder Älteren, denn Jesus selbst ist als Diener zu ihnen gekommen. Gibt es jemanden, der besonders vornehm, herausragend unter uns ist? Nein, denn so ist auch selbst Petrus – so stellt es sich im Endeffekt heraus – zunächst keinesfalls vornehmer, herausragender im Glauben als die anderen Jünger*innen, sondern er ist es, der Jesus sogar verleugnet am Feuer im Hof vor dem Hause des Hohenpriesters, in dem Jesus gefangen genommen war. Gerade Petrus, ein herausragender Jünger Jesu, und ein – wie es sich in der späteren Geschichte der Christenheit herauskristallisiert – sehr besonderer Apostel –, Petrus, der Fels, ist letztendlich ein Mensch, so stellt es diese Geschichte dar. So schlicht wie ernüchternd, so einfach wie menschlich.

Wenn diese Geschichte von Petrus im Hof des Hohepriesters erzählt oder verlesen wurde, mag dies möglicherweise entlastend gewirkt haben für Menschen christlichen Glaubens – auch in der späteren Wirkungsgeschichte des Textes. Nicht immer mag es im Verlauf der Geschichte für Christ*innen klug gewesen sein, offen und fest zu ihrem christlichen Glauben zu stehen. Wenn aber selbst Petrus es nicht geschafft hat, in jeder Situation zu seinem Glauben zu stehen, dann kann auch ich getrost meinen Glauben weiter leben. Das ist tröstlich. So wie Petrus dann unter Tränen zu seinem Glauben zurückfindet, habe auch ich eine zweite Chance. Ich bin ein Mensch wie Petrus. Ich brauche mich nicht meiner als Christ/als Christin zu schämen, auch wenn ich nicht immer in der Lage bin, diesen Glauben stark und fest nach außen zu bekennen.

Predigtthema

Die Würde des Menschen ist verletzlich.
»Scham, die Hüterin der Menschenwürde«, so überschreibt Stephan Marks den ersten Teil seines Buches von 2017. Sein Buch

trägt dabei diesen Titel »Die Würde des Menschen ist verletzlich«. Das Predigtthema wird entscheidend bestimmt durch den Gedenktag, 27. Januar, an dem der Predigttext laut Perikopenreihe VI gepredigt werden soll. Es handelt sich bei diesem Tag um den Gedenktag der Opfer des Nationalsozialismus. Der Predigttext legt es dadurch nahe, das Thema »Werte und Würde des Menschen« in den Blick zu nehmen. Beschämung und Scham sind dabei wichtige Aspekte, die beim Predigen des Textes berücksichtigt werden können. Durch soziale Beschämung (Magd/ein anderer – Petrus) werde ich ausgegrenzt, befürchte gesellschaftliche Isolation und komme so dazu, meinen Glauben und meine Werte zu verraten. Durch das Grundgefühl Scham (der Herr/des Herrn Wort – Petrus) spüre ich schmerzlich meine eigentlichen Werte wieder, erkenne, was richtig, was falsch ist, weine und finde wohlbehalten zu meinen eigenen Werten und mir selbst zurück.

Vorschläge zur Liturgie

»Und alsbald, während er noch redete, krähte der Hahn.« So lautet Lk 22,60b. Als sehr eindringliches, wiederkehrendes Gestaltungselement eignet sich dieser einzelne Vers. Zum Beispiel könnte dieser Vers als dreimaliges Wiederholungselement in einem meditativen Text zu Beginn des Gottesdienstes anstelle oder als Sündenbekenntnis zitiert werden.
Form Sündenbekenntnis: Textbaustein A – Vers 60b – Textbaustein B – Vers 60b – Textbaustein C – Vers 60b – Stille
Eine andere Möglichkeit wäre es, diesen Vers in die Strophen eines Fürbittengebets zu integrieren – es schlösse sich jeweils eine Stille an, vielleicht auch ein »Herr, erbarme dich«.
Form Fürbittgebet: Fürbitte 1 – Vers 60b – Stille – Herr, erbarme dich – Fürbitte 2 – Vers 60b – Stille – Herr, erbarme dich – Fürbitte 3 – Vers 60b – Stille – Herr erbarme dich – Vaterunser

Segen für den Tag
Diesen Tag lass mich leben
In der Klarheit des Herzens
In der Klarheit meines Verstandes

In der Klarheit meines Gefühls
Mit geklärten Sinnen
Offen für die Klarheit des Himmels
So segne mich.
Brigitte Enzner-Probst, Mein Leben feiern. Frauengebete im Jahreskreis, Ostfildern 2019, 19

Vorschlag zur Predigt

Möglicher Anfang

(Lk 22 (31–34)54–62 wird vor der Predigt verlesen oder zu Beginn der Predigt nacherzählt.)

Als einfacher Mensch, als Fischer Simon am See Genezareth begegnet Petrus Jesus zum ersten Mal, so erzählt es das Lukasevangelium ganz am Anfang. So hatte alles angefangen. Mit seinen Gefährten Jakobus und Johannes war der Fischer Simon erfolglos vom Fischen vom See zurückgekehrt. Es muss frustrierend gewesen sein. Sie hatten die ganze Nacht gefischt, hart gearbeitet und nichts gefangen. Nach aller Erfahrung war es nun vergeblich, reine Kraftverschwendung, wenn sie es jetzt noch weiter versuchen würden, das wussten sie ganz genau. Zudem am Tag. Jesus sagte ihnen aber genau das, sie mögen wieder hinausfahren, da, wo es tief ist, und die Netze erneut auswerfen! Und sie, sie glauben ihm, dass es Sinn macht. Sie tun es auf sein Wort hin und sie fangen Fisch mit vollen Netzen, sehr, sehr viel Fisch. So viel Fisch, dass die Boote von ihrem Gewicht zu sinken drohen.

So war das ganz am Anfang, die erste Begegnung des Fischers Simon mit Jesus. Simon, der Fischer, der später Petrus genannt wurde. Die erste Begegnung, die gleich seinen Glauben zeigte, das große Vertrauen der drei Fischer zu Jesus. Das war die erste Begegnung des Fischers Simon mit Jesus, dem Fischer, der später Petrus genannt wurde – Petrus, der Fels. Petrus, der Jünger, Petrus, der spätere Gründer von Gemeinden. Petrus, der Glaubens-Stifter des Glaubens vieler Menschen nach ihm.

Dieser feste Glaube ließ ihn damals ins Ungewisse aufbrechen, sein Glaube an Jesus, den Mann, der ihn dort fischen lässt, wo es vergeblich ist, und der ihn letztendlich volle Netze einfahren lässt. Der Glaube, ja, die nahe Aussicht auf eine bessere Welt hatte ihn damals dazu bewogen, alles stehen und liegen zu lassen, sein Boot, seine Netze, sein Zuhause, und mit Jesus zu ziehen.

Petrus' Glaube? Es muss der Glaube an Heil und Heilung, Freundlichkeit und Menschenliebe gewesen sein, an eine Menschenliebe, wie sie Jesus mit seinen Zeichenhandlungen und Reden damals ganz direkt zum Greifen nahe in Aussicht stellte und für die um ihn herum hautnah erfahrbar machte.

Zum weiteren Verlauf

Das alles hat Petrus in der Person Jesus gesehen und um dessentwillen ist er ihm in radikaler Nachfolge gefolgt. Und das alles hat er in jener dunklen Stunde verleugnet, in dieser Nacht im Morgengrauen verraten, als er seine Zugehörigkeit zu diesem Mann dreimal abstreitet. Ich frage mich: Was ist dabei eigentlich für ihn am schlimmsten gewesen? Dass er mit seinem Leugnen vor allem sich selbst und den eigenen Glauben verraten hat? Oder ist es für ihn schlimmer und als viel härtere Bürde zu tragen gewesen, letztendlich zu erkennen, dass er damit Jesus selbst verraten hat – und der ihm das auch noch genauso vorhergesagt hatte?

Petrus' Glaube – unser Glaube. Woran glauben wir?

Wenn wir befragt werden, woran wir glauben, würde die Antwort von jedem und jeder einzelnen von uns vermutlich sehr unterschiedlich ausfallen. Der Glaube an Gott ist sehr verschieden, und gleichzeitig haben wir als Glaubensgemeinschaft vieles gemeinsam. Als die, die wir heute hier sind. Bestimmt würden einige von uns heute auch ganz überzeugt antworten wollen, dass sie an das Grundgesetz glauben und an den Menschenrechten festhalten wollen. Dass das ebenso ihren Glauben und ihre Werte bestimme: »Die Würde des Menschen ist unantastbar. Ich habe das Recht, dass jeder andere Mensch – und der Staat – meine Würde achtet und schützt. Deshalb muss ich jeden anderen Menschen – Frau, Mann, Kind – mit Respekt und Wertschätzung behandeln, einfach deshalb, weil der andere ein Mensch ist.«

Wenn dieser Predigttext heute am Gedenktag der Opfer des Nationalsozialismus gepredigt wird, dann wissen viele aus Erzählungen der Eltern, Großeltern oder Urgroßeltern, wie schnell Menschen während des Nationalsozialismus in eine Situation gerieten, in der es nahe lag, die eigenen Werte, den eigenen Glauben zu verleugnen. Viele

Geschichten, Erzählungen und Erinnerungen aus dieser Zeit lassen uns das heute so vermuten. Viele Menschen mussten damals die eigenen Werte, den eigenen Glauben verleugnen, weil sie in Gefahr waren, weil sonst ein Angehöriger sterben musste, weil sie sonst selbst sterben mussten, manchmal aber auch nur, weil man sonst einfach nicht mehr dazugehörte.

Dann entscheide ich mich vielleicht wirklich lieber, nicht zum Gottesdienst zu gehen, weil für ein Mädchen im Bund deutscher Mädel ja zeitgleich eine Kinoveranstaltung angeboten wird. Wenn ich nicht teilnehme, gehöre ich nicht mehr dazu, werde beschämt und ausgeschlossen und befinde mich gerade letztendlich dadurch in ernstlicher Gefahr. Dann verrate ich als Familienoberhaupt vielleicht wirklich lieber Nachbar*innen oder Bekannte, weil ich andernfalls viel zu viel Angst um mich und meine eigene Familie haben müsste. Dann tue ich vielleicht tatsächlich lieber Dinge, für die ich mich im Nachhinein schäme, verrate schmerzlich meinen eigenen Glauben und die Werte, für die ich stehe, als dass das für mich und die Meinen eintritt, was ich am meisten zu befürchten habe, Verschleppung, Verhaftung, Folter und Tod.

In diesem Teil kann der Bogen zur Zeit des Nationalsozialismus weiter ausgezogen werden, vielleicht mit eigenen Geschichten oder Beispielen aus der Literatur wie z. B. zur Weißen Rose von Sophie Scholl. Inwiefern wurde damals auch Verrat an der Menschlichkeit geübt? Inwiefern wurden von vielen der eigene Glaube und die eigenen Werte verleugnet? Inwiefern haben Menschen auch zu ihrem Glauben und den eigenen Werten zurückgefunden? Inwiefern betrifft uns das heute?

Möglicher Schluss

Der Glaube machte Petrus aus, ja, ließ ihn erst vom Simon zum Petrus werden, so dass er sich einst sehr bewusst und freiwillig, ja, freudig von all den Vertrautheiten, die sein bisheriges Leben ausgemacht hatten, getrennt hatte. Von seiner Herkunftsfamilie, den Menschen um ihn herum seit Kindestagen, von seinem Dorf, seinem Lebenserwerb, dem See, den Fischen, vom eigenen Boot ... Das Lukasevangelium erzählt es dabei so: Indem Petrus Jesus nachfolgte, dem, der ihn bei seiner ersten Begegnung hat volle Netze einfahren lassen, kam er zu sich selbst. Wurde er zum Petrus, dem Fels. Weil Jesus ihm den Glauben an etwas gibt, das auf den ersten Blick vergebens erscheint, das sich im Endeffekt doch weit über jegliche Erwartung erfüllt.

Diesen Glauben hat Petrus eine dunkle Nacht lang verloren, erzählt unser Predigttext, und doch im Morgengrauen wieder gefunden. Dreimal krähte der Hahn und Petrus weinte bitterlich. Seine Scham, seine Tränen um seinen eigenen Verrat bringen ihn schmerzlich und wohltuend zugleich wieder zu sich selbst. Er ist Petrus, der Fels. Einst ist er Jesus gefolgt und hat dazu als Fischer seine Netze verlassen. Jetzt folgt er Jesus erneut und erfüllt den Auftrag, den Jesus ihm kurz vor seiner Verhaftung gibt: Wenn dein Glaube nicht aufhört, wenn du dann umkehrst, so stärke deine Brüder und Schwestern. Amen.

Gestaltungsideen
»Und alsbald, während er noch redete, krähte der Hahn.« So lautet Lk 22,60b. Dieser eindringliche Vers könnte als Strukturelement auch innerhalb der Predigt im Mittelteil verwendet werden.

Symbole, Aktionen
Es gibt verschiedene Glaubenssymbole, die uns darin bestärken können, in unserem Glauben fest zu bleiben, oder die uns dabei helfen, immer wieder neu dahin zurückzufinden. Zum Beispiel könnten im oder nach dem Gottesdienst Symbole wie Bronzeengel verteilt werden, Handschmeichler-Kreuze aus Holz oder das beliebte Anker-Herz-Kreuz-Symbol für Glaube, Hoffnung, Liebe z. B. sorgfältig aufgemalt auf einen Kieselstein oder als Anhänger.

Kontexte und Tipps zum Text
»Der Anblick, der sich den Ankommenden bot, ist unbeschreiblich. Es waren ungefähr 50 000 Menschen im Lager, von denen ca. 10 000 tot in den Baracken oder im Lager herumlagen. Diejenigen, die noch lebten, hatten seit etwa sieben Tagen weder Essen noch Wasser bekommen – nach einer langen Periode des Hungerns. Neben anderen Krankheiten wütete der Typhus. (...) Überall war Schmutz (...) die Luft war vergiftet.«
Bericht der britischen Befreier von Bergen-Belsen am 15. April 1945, aus: Roswitha Schieb, Risse. Dreißig deutsche Lebensläufe, Berlin 2019, 66.

(...) Ich möchte leben.
Ich möchte lachen und Lasten heben

und möchte kämpfen und lieben und hassen
und möchte den Himmel mit Händen fassen
und möchte frei sein und atmen und schrein.
Ich will nicht sterben. Nein!
Nein.
Das Leben ist rot.
Das Leben ist mein.
Mein und dein.
Mein.
(...)
Ein
Leben.
Hauf um Hauf
Sterben sie.
Stehn nie auf.
Nie
Und
Nie.

Gedicht von Selma Meerbaum-Eisinger vom 7.7.1941, aus: Roswitha Schieb, Risse. Dreißig deutsche Lebensläufe, Berlin 2019, 62 f.

Die Würde des Menschen ist unantastbar. Ich habe das Recht, dass jeder andere Mensch – und der Staat – meine Würde achtet und schützt. Deshalb muss ich jeden anderen Menschen – Frau, Mann, Kind – mit Respekt und Wertschätzung behandeln, einfach deshalb, weil der andere ein Mensch ist.

Rechte und Pflichten des 1. Artikel des Grundgesetzes, aus: Bürgerstiftung Lebensraum Aachen (Hrsg.), Die wichtigsten Grundrechte und -pflichten in Deutschland in leicht verständlicher Sprache dargestellt und erläutert, 2

Die Frömmigkeit

Manche Menschen tragen mich als Sonntagskleid. Sie flanieren darin und stellen mich zur Schau. Andere finden, ich sei aus der Mode gekommen. Sie sagen, man trage jetzt lässig, ich engte sie ein. Dabei bin ich nackt. Ich zeige, wie man liebt. Nicht, was sicher und selbstverständlich ist. Sondern ein Versprechen, gewoben aus dem Wort. Sehnsuchtsworte lege ich auf die Zunge. Nachts flüstere ich Trost zu. Ich gehe unter die Haut. Ich bin der Faden, der mit Gott verbindet. Manche meinen, es gäbe mich nur in Schwarz oder Weiß. Lasst euch nichts einreden: Es gibt mich in tausend Farben, schöner und leuchtender, als jene zu glauben wagen.

Susanne Niemeyer, in: Mein Fasten-Wegweiser. Wandeln 2020, Andere Zeiten e. V., 99

Letzter Sonntag nach Epiphanias
2 Kor 4,6–10

Vera-Sabine Winkler

Erste Begegnung mit dem Text

Licht. Licht. Licht. Im Advent. Zu Weihnachten. Während der Epiphaniaszeit. Was muss sich in unserer Wahrnehmung um eine Winzigkeit verschieben, damit diese Wurzelmetapher des jüdischen und christlichen Glaubens lebendig bleibt? Was kann gesagt oder verschwiegen werden, damit wir wieder und wieder berührt werden von der geheimnisvollen Kraft, die von einem einzigen Licht im Dunkel auszugehen vermag? Was sollte kritisch beleuchtet werden, damit wir inmitten persönlicher und zeitgeschichtlicher Verblendungen dieses Licht nicht aus den Augen verlieren? Dieses Licht, von dem es in 2 Kor 4,6b (alle Zitationen nach BigS, 2011) mit Bezug zu Genesis 1, dem ersten Buch der Tora, heißt: *Gott hat ein helles Strahlen in unsere Herzen gegeben, so dass wir das Leuchten der Gegenwart Gottes im Antlitz des Messias Jesus erkennen.*

Dieser Satz von einem *Herzens Licht* (Paul Gerhardt, 1647: *Du sollst sein meines Herzens Licht*, in: EG 83,4), das uns Gottes Licht im Leben und Wirken Jesu erkennen lässt, trifft mich in einer Zeit und Zeitgeschichte, in der allerorten vom Energiesparen die Rede ist: reduzierte Temperaturen in öffentlichen Gebäuden, reduzierte Beleuchtung in Straßen und Wohnungen, reduzierter Einsatz energieintensiver Techniken. Doch die paulinische Rede vom *hellen Strahlen* (2 Kor 4,6b), das uns den Glanz Gottes sehen und erkennen lässt, ist kein Energiesparprogramm. Sie schöpft ihre Energie aus dem Wort Gottes, das ein Zusammenwirken der Gegensätze in Gang setzt – *Licht* und *Finsternis*, *Tag* und *Nacht* (Gen 1,3 und 2 Kor 4,6a) werden transformiert in eine aus der Wurzel alles Lebendigen kommende Widerständigkeit: *Von allen Seiten werden wir bedrängt, doch wir haben Raum. Wir wissen nicht weiter, doch wir verzweifeln nicht. Wir werden verfolgt, doch nicht von Gott im Stich gelassen. Wir werden zu Boden geworfen, doch wir gehen nicht zu Grunde* (2 Kor 4,8b-9).

Die Lebenskraft, der Überlebenswille und die Glaubensstärke, die aus diesen Sätzen hervorstrahlt, kann es mit der Leuchtkraft von Sonne, Mond und Sternen aufnehmen. Und skizziert ein energetisches Überlebensprogramm quer durch die Zeit- und Glaubensgeschichte.

Mich fasziniert, dass dieses energetische Überlebensprogramm seinen Anfang im menschlichen Herzen nimmt. Also aus der Lebensmitte jeder und jedes Einzelnen heraus wirksam wird. Und ich frage mich: Was können wir tun und was müssen wir lassen, damit es von dort aus unser gemeinsames Leben erhellt und erhält? Vielleicht sogar zu einem *hellen Strahlen* (2 Kor 4,6b) wird, dessen Energie sich mehrt und mehrt und mehr, während es leuchtet – und so erkennbar wird als ein Licht, das anders ist als alle anderen Lichter.

Exegetische Skizze

Die Auswahl der Verse aus 2 Kor 4 kennzeichnet diese Perikope stimmig als Übergang von der Epiphaniaszeit zur Vorpassionszeit: Vers 6 akzentuiert das Licht – Vers 10 das Kreuz. Dazwischen wird konkretisiert, was es bedeutet, das Licht Gottes im Herzen, also im *zerbrechlichen Gefäß* (2 Kor 4,7) des menschlichen Körpers und Lebens zu tragen: es bedeutet, Leiden, Kämpfen und Widerstehen einzuüben (2 Kor 4,8–9). Da Paulus die Situation der korinthischen Gemeinde in der 1. Person Plural Präsens formuliert, geht sie uns sofort unter die Haut. Wir können uns innerlich einklinken und mitgemeint fühlen, wenn es heißt: *Von allen Seiten werden wir bedrängt ... Wir wissen nicht weiter ... Wir werden verfolgt ... Wir werden zu Boden geworfen ...* . Selbst dann, wenn wir nicht unmittelbar von Gewalt und Hass bedroht sind, lassen sich diese berühmten Verse mühelos auf Situationen in unserer Gesellschaft, am Arbeitsplatz, in der Schule, in der Familie, in der Nachbarschaft oder im Freundeskreis beziehen. Denn sie sind Platzhalter eines immer und überall konfliktträchtigen Lebens und nehmen die Perspektive derjenigen ein, die sich unterlegen fühlen.

Diese Beschreibung verdankt ihre Popularität aber nicht nur der Tatsache, dass Paulus – wie auch an anderen Stellen – aus der Perspektive der Schwachen spricht, sondern dass er Schwäche in Stärke zu transformieren sucht. Dabei bedient er sich einer liturgisch und homiletisch bedeutsamen Denkweise, die Henning Schröer als ›Integratio paradoxalis‹ bezeichnet hat. Von daher sind paradoxe Formulierungen als Ausdruck einer Theologie zu verstehen, die das ›Paradox als *sacramentum intellectus*‹ begreift. Das hat seiner Ansicht nach zur Folge, dass das Wort Gottes ›als auszuteilendes Evangelium bis in die Denkstrukturen des Heiligen‹ hineinreicht (Schröer 1960, 60–61, in: Winkler: 2009, 29). Und alle, die es interpretieren, davor bewahrt, geistliche Ermutigung mit geistloser Ertüchtigung zu verwechseln. Und so möchte auch ich betonen: Hier begegnet uns keine paulinische Durchhalteparole, sondern ein zutiefst durchdachtes und durchlebtes Empfinden. Das gestärkt und geläutert durch überstandene Krisen auf neue Herausforderungen zugeht.

Dabei fungiert das *helle Strahlen* im *zerbrechlichen Gefäß* des menschlichen Körpers und Lebens als eine mit jedem Herzschlag präsente Rückbindung an dieses von Gott her kommende Licht. Seine unverbrauchbare und nachhaltige Energie wird spürbar, wo diese spirituelle Resonanz beständig gesucht und eingeübt wird. Erst so entsteht die Möglichkeit, sich auf den Spuren Jesu mit den ›Quanten ... (und) ... Quantenfeldern‹ (Warnke 2011/2015, 224 ff.) zu verbinden, die auch Paulus in 2 Kor 4,6–10 ein energetisches Überlebensprogramm entfalten lassen.

Weg zur Predigt

›Lichter als licht‹, so möchte ich das von Gott ausgehende *helle Strahlen* umschreiben. Und hoffe, dass der darin enthaltene Komperativ dieses *helle Strahlen* als ein sehr besonderes Licht erkennbar werden lässt, das unablässig im menschlichen Herz leuchtet. Im Herz (בל – *lev*), das ich in Anlehnung an die jüdische Theologie als Symbol der leiblichen, seelischen und geistigen Mitte jeder und jedes Einzelnen verstehe, von der aus sich unser Leben entfaltet und gestaltet.

Die Verortung dieses *hellen Strahlens* im Herz akzentuiert, dass die von Gott ausgehende Energie nicht nur bedeutsam für das eigene Leben ist, sondern ausstrahlt auf die Art und Weise, wie Einzelne und Gemeinschaften mit Krisen umgehen. Dabei kann die Predigt von dem schöpfungstheologischen Bezug in 2 Kor 4,6 zur messianischen Qualifizierung dieses Lichtes in 2 Kor 4,10 fortschreiten. Und die Lebensnähe der Metaphern *Licht* und *Herz* nutzen, um das komplexe Anliegen des Paulus anschaulich und nachvollziehbar zu machen.

Das wird zum Beispiel möglich durch einen Blick auf die Begrenzung energetischer Ressourcen im Körper der Welt und im menschlichen Leib. Beides kann dazu ermutigen, sich im Rückzug auf das eigene Herz durch das von Gott herkommende *helle Strahlen* stärken zu lassen – um dann etwas von diesem Licht auf den Spuren Jesu dorthin tragen zu können, wo die rücksichtslose Ausbeutung der Erde und der in ihr bewahrten Energien fortschreitet. Bis es erneut von Nöten ist, sich auf das immerwährende *helle Strahlen* Gottes zu besinnen und innezuhalten.

Predigtthema

›lichter als licht – das in uns gelegte herzenslicht‹

Vorschläge zur Liturgie

Votum

(hier kann nach jedem Satz eine Kerze entzündet werden)
gott
unser lebenslicht

jesus
unser glaubenslicht

heiliger geist
unser hoffnungslicht

dreifaches leuchten
lichter als licht

Psalm: Ps 121

hoch und höher
steigt
mein blick

lässt
wiesen wälder
unter sich zurück

will mit
wilden winden ziehn
schweben wo die sterne blühen

lichte weite
stille welt

im flug der zeit
mein fallen
hält
Vera-Sabine Winkler 2021, 104

Gebet
lass teilhaben uns
an deinem licht –
das angst und
ohnmacht durchbricht

als im herzen
wohnender schein
will es erhellen
unser ganzes sein

damit wir mutig
widerstehen und
kraftvoll durch
unser leben gehn

darum
lass teilhaben uns
an deinem licht –
und bewahren
der erde angesicht

Segensbitte
lichter als licht
leuchte gott
in dein angesicht

so klar
so warm
so still

dass alles dunkle
weicht und freude
dich erreicht

lichter als licht
leuchte gott
aus deinem angesicht
Vera-Sabine Winkler 2021, 143

Lieder: Im Dunkel unserer Nacht (Taizé-Lied); Nr. 301 Wechselnde
Pfade (Kanon), in: Durch Hohes und Tiefes; Nr. 337 Gottes Liebe ist wie
die Sonne, in: ebd.

Vorschlag zur Predigt

Möglicher Anfang
Ich habe Ihnen ein Licht mitgebracht.
Sehen Sie es? Erkennen Sie seinen hellen Schein? Wohl eher nicht.
Denn es ist ein Licht, von dem Paulus in seinem 2. Brief an die
Gemeinde in Korinth sagt (2 Kor 4,6): *Gott sprach ›Licht soll aus der
Dunkelheit aufstrahlen‹ und hat ein helles Strahlen in unsere Herzen gege-
ben, so dass wir das Leuchten der Gegenwart Gottes im Antlitz des Messias
Jesus erkennen.*
Das Licht, von dem Paulus hier spricht, ist also ein inneres Licht – ein
Herzenslicht. Hineingelegt in das Zentrum unseres leiblichen, seeli-
schen und geistigen Daseins will es uns beschenken mit einem *hellen
Strahlen*. Und leuchtet aus der Finsternis, wie das Licht am Morgen des
ersten Schöpfungstages – um uns auszustatten mit der Wärme, Klar-

heit und Zuversicht, die uns Jesus von Nazareth vorgelebt hat. Damit auch aus unserem persönlichen und gemeinsamen Leben das Licht seines Lebens, Sterbens und Auferstehens hervorstrahlt – lichter als licht. Und so frage ich Sie und mich nochmals: Sehen wir dieses Licht? Erkennen wir sein helles Strahlen? Ja, haben wir selbst Anteil daran? In einer Zeit, in der sich unsere Gesellschaft so schnell verändert wie niemals zuvor. Und die meisten dieser Veränderungen unserer Leben eher zu verdunkeln als zu erhellen scheinen: weniger Energie, weniger Kaufkraft, weniger Wachstum signalisieren, dass es nie mehr sein wird wie zuvor. Zugleich fühlen sich viele erschöpft und ausgebrannt. Haben zunehmend Schwierigkeiten, die nicht abreißenden Schreckensmeldungen von Krieg und Klimawandel zu verarbeiten. Oder im Bild gesprochen: Das Licht des ersten Schöpfungstages verbirgt sich hinter einem von Ängsten und Sorgen verdunkelten Himmel. Ja, sogar das in Jesus von Nazareth erstrahlende Licht Gottes kann dieses Dunkel kaum noch durchdringen. Zu komplex, zu schwierig, zu unlösbar erscheinen die Krisen unserer Zeit.

Kein Wunder also, dass sich nicht wenige zurücksehnen! Dass manche meinen, vor zwanzig, dreißig, vierzig Jahren sei alles besser und leichter gewesen. Aber stimmt das wirklich? Haben nicht damals schon die Krisen von heute ihren Anfang genommen? Denn nachdem der Zweite Weltkrieg und die Ermordung von Millionen Juden und Jüdinnen gestoppt werden konnte, begann eine Wirtschaftsweise, die den Körper unserer Erde und unsere eigenen Leiber mehr und mehr ausgebeutet hat. Verpackt in die Rede vom Wirtschaftswachstum und einem stetig steigenden Wohlstand wurde darüber hinweggetäuscht, dass wir Licht suchen, wo es nicht zu finden ist – und dabei vergessen, dass es ein anderes Licht gibt, das uns leiten und begleiten will. Ein Herzenslicht, das uns Gott schenkt, damit wir aus überstandenen Krisen lernen und auf eine lichte Zukunft für alles Lebendige zuhalten können.

Zum weiteren Verlauf

Das Besondere an diesem Herzenslicht ist, dass es in schwierigen Zeiten lichter als licht erstrahlt. Und uns mit einer Energie ausstattet, die wir aus uns allein nicht gewinnen können. Doch hören Sie selbst, wie Paulus diese von Gottes Licht ausgehende Kraft beschreibt. Im Anschluss an seinen Satz vom Licht schreibt und sagt er:

Textlesung 2 Kor 4,7–10
Danach können entfaltet werden:
- Krisen als Chance, sich auf das im eigenen Herz, in der eigenen Kör-per- und Lebensmitte verborgene *helle Strahlen* zu besinnen (2 Kor 4,6);
- meditative Besinnungsmethoden wie Tönen, Singen, Herzensgebet, Achtsamkeit ansprechen und beschreiben – als Voraussetzung für ein nachhaltiges und furchtloses Handeln, das Schwäche in Stärke verwandelt und dazu beiträgt, den behutsamen Umgang mit den Energien im eigenen Leib und im Körper der Erde zu fördern (2 Kor 4,7–9);
- darauf hinweisen, dass es nicht um Erfolg geht, sondern um ein Engagement, das sich einbringt in den Strom des Lebens – der Wer-den, Vergehen und stetige Veränderung mit sich bringt (2 Kor 4,10).

Möglicher Schluss
Ich habe Ihnen ein Licht mitgebracht.
Sehen Sie es jetzt? Erkennen Sie seinen hellen Schein? Dort, wo Ihr Herzschlag Sie verbindet mit dem Licht Gottes und der Strahlkraft des Lebens, Sterbens und Auferstehens Jesu? Vielleicht klappt das nicht sofort und nicht immer. Aber wer sich regelmäßig in die Stille begibt, kann dieses Herzenslicht in sich entdecken. Kann entdecken, dass es eine gottgeschenkte Energie gibt, die uns durch Krisen trägt und Kraft gibt, sie zu bewältigen. Ja mehr noch: Wer sich – verbunden mit dem Licht Gottes – für eine lichte, von Liebe erfüllte Welt engagiert, wird sehr, sehr oft ›grenzenlos glücklich, absolut furchtlos und immer in Schwierigkeiten‹ (nach Sölle, 1997, 370) sein.

Symbole, Aktionen
Das Lied »Wechselnde Pfade« kann im Stehen mit Gesten verknüpft gesungen (und getanzt) werden. Vor Beginn legt jede und jeder beide Hände übereinander auf den Herzraum:

Wechselnde Pfade –
Hände werden mit den Handflächen nach oben und parallel zueinan-der vor der Brust nach vorne bewegt, bis Arme gestreckt sind;
Schatten –
Hände werden parallel zueinander zurückbewegt und nebeneinander

vor das Gesicht gelegt;
und Licht –
Hände werden aneinander gelegt und senkrecht über dem Kopf nach
oben bewegt, bis Arme gestreckt sind;
alles ist Gnade –
Hände werden rechts und links neben dem Körper ausgestreckt nach
unten bewegt
(beim Tanz können dabei Schritte um die eigene Achse gemacht werden);
fürchtet euch nicht –
Hände werden vor der Brust gekreuzt
(beim Tanz können die Teilnehmer:innen stattdessen einander kurz die
Hände reichen).

Es gibt bei verschiedenen Anbietern im Internet ein »Wünschelicht-
Herzenslicht« zu kaufen (Kerze 20 x 2,2 cm weiß mit roter Aufschrift):
zum Verteilen oder zum Entzünden bei Votum und Fürbitte geeignet.
Das kann mit einer Licht-Meditation verknüpft werden:

gott
du herzenslicht
strahle in meiner mitte
schenke mir leben
lichter als licht

jesus
du herzenslicht
ströme aus meinen worten
schenke mir glauben
lichter als licht

heiliger geist
du herzenslicht
streife durch meine träume
schenke mir hoffnung
lichter als licht

Literatur:

Schröer, Henning, Die Denkform der Paradoxalität als theologisches Problem. Eine Untersuchung zu Kierkegaard und der neueren Theologie als Beitrag zur theologischen Logik, Göttingen 1960

Sölle, Dorothee, Mystik und Widerstand, Hamburg 1997

Warnke, Ulrich, Quantenphilosophie und Spiritualität, München 2011/2015

Winkler, Vera-Sabine, Leise Bekenntnisse. Die Bedeutung der Poesie für die Sprache der Liturgie am Beispiel von Hilde Domins Leben und Werk, Ostfildern 2009/2011

Dies., Furchtlos über die Meere ziehn. Unterwegs mit Gedicht, Gebet und Gesang, Berlin 2021

Sexagesimae
Mk 4,26–29

Oliver Wegscheider

Erste Begegnung mit dem Text

Ich lese den Predigttext und denke: »Wie schön! Ein Gleichnis von Jesus – kurz, konkret und aus dem Leben gegriffen. Nicht so ein trockener Lehrtext wie letzten Sonntag«.

Aber dann kommen mir Bedenken: Für die Hörer:innen Jesu mag das Gleichnis aus dem Leben gegriffen sein. Aber gilt das auch für meine Gemeinde? Wer unter meinen Hörer:innen ist in der Landwirtschaft tätig? Und wessen Leben und Existenz hängt in unserer Gesellschaft noch von dem »Wunder« einer guten Ernte ab?

Und wenn ich die Bildebene verlasse und auf den Inhalt schaue, wächst mein innerer Abstand zum Text eher noch: Das Reich Gottes – was genau ist das? Und wie vermittele ich das dem »heutigen« Bewusstsein? (Und, als ob ich überhaupt wüsste, was dieses ist ...)

Sicher, viele Gleichnisse Jesu handeln vom Reich Gottes. Aber meist konzentrieren sie sich auf einen Aspekt, den man in der Predigt entfalten kann: Gottes Gerechtigkeit, das Ablehnen der Einladung etc. Was ist der Aspekt des Reiches Gottes, auf den Jesus im vorliegenden Gleichnis den Blick lenkt? Dass es »automatisch« (V. 28) kommt, ohne dass wir etwas dazu tun.

Das klingt ja erst mal wie ein starker Zuspruch, eine frohe Botschaft, die man mal so verkündigen kann. Aber ist es das wirklich? Wir können nichts dazu tun – hören wir das mit Erleichterung oder empfinden wir das nicht doch eher als entmutigend, vielleicht sogar entmündigend?

Und je länger ich so über den Predigttext nachdenke, desto mehr wächst der Respekt vor der Aufgabe, ihn predigen zu müssen, aber auch die Lust darauf: Wie so oft öffnet die Begegnung mit dem Gleichnis meine Wirklichkeit auf eine Auslegung hin, die erst noch eingeholt werden muss.

Exegetische Skizze

Das Gleichnis wird nur bei Markus überliefert. Es gibt ein verwandtes Jesus-Logion im Thomas-Evangelium (21,8–11). Darüber hinaus wird als Parallele auf Mt 13,24–30 (»Vom Unkraut unter dem Weizen«) verwiesen. Doch Letzteres bekommt durch den redaktionellen Zusatz vom Unkraut eine ganz andere Bedeutung.

In der markinischen Form ist die Einleitung (»Und er sprach ...«) sicher redaktionell. In der Literatur wird außerdem diskutiert, ob Teile von V. 28 und V. 29 redaktionell hinzugekommen sind. Aber die Argumente dafür sind nicht stark genug (Gnilka, 182).

Sprachlich ist auf zwei Stellen hinzuweisen: (1) Manche Ausleger:innen und z. B. auch die Neue Genfer Übersetzung (NGÜ) übersetzen das Ende von V. 26: »..., der die Saat auf seinem Acker ausgestreut hat.« Aber der Aorist steht, wie die folgenden präsentischen Verbformen in V.27 im Konjunktiv. Er drückt nicht Vorzeitigkeit aus, sondern die Einmaligkeit der Handlung: *Ein Mal* wirft der Mensch den Samen auf den Acker, während er in den vielen Tagen und Nächten *immer wieder* aufsteht und sich niederlegt.

(2) Es mag wenigstens einen Hinweis wert sein, dass in V.29 »Wenn aber die Frucht reif ist ...« im Griechischen das Verb *paradidomi* steht (wieder im Aorist Konjunktiv *aktiv*). Bauer/Aland schlägt für unsere Stelle die Bedeutungen »zugeben, erlauben« (Sp. 1244) vor. Die Zürcher Bibel übersetzt z. B.: »Wenn aber die Frucht es zulässt ...«

Für einen möglichst unverstellten Zugang zum Gleichnis ist die richtige Kontextualisierung wichtig: Sowohl das Proprium des Sonntags Sexagesimae als auch der biblische Kontext stellen den Predigttext ganz in den Schatten des Gleichnisses vom Sämann und seiner Erklärung: »Der Same ist das Wort Gottes.« (Lk 8,11; vgl. Mk 4,14) So schreibt Mary Anne Beavis in ihrem Kommentar: »Using the ›master parable‹ of the sower as the key to unlock Mark's understanding of the parable, it is legitimate to interpret the farmer as a missionary preacher of the reign of God ...« (Beavis, 83)

Demgegenüber ist mit Gnilka darauf hinzuweisen, dass der Text selbst der Auslegung nur einen Bezugspunkt anbietet, nämlich das Reich Gottes. Sicher ist das Gleichnis offen für Allegorisierungen: Wie oben angedeutet, kann der Same als das Wort Gottes verstanden, der säende Mensch als Gott, Jesus oder Prediger:in gedeutet und V.28 als Bild der

Heiligung, also des Wachstums im Glauben gelesen werden. Doch anders als beim Gleichnis vom Sämann (Mk 4,13–20 par) bietet Jesus diese hier nicht an. Der Predigttext ist weder Allegorie noch Metapher, sondern eben ein Gleichnis. Und als solches entfaltet es die Kraft jesuanischer Predigt. Es ist ganz und gar auf das Wesentliche reduziert: Der Säende wird weder als Bauer, Landmann oder Sämann eingeführt, sondern schlicht als »Mensch«. Er »wirft« den Samen auf die Erde. Er pflügt nicht, jätet oder düngt nicht. Er kümmert sich überhaupt nicht. Weder Wetter, Unkraut noch Vögel werden berücksichtigt. Es ist gerade diese Reduktion, die das Wesen des Gottesreichs klar zum Vorschein bringt: Es kommt »automatisch« (V. 28). Der Mensch tut nichts dazu.

Es ist »gerade die vielleicht provozierende Sorglosigkeit, die aus der Geschichte spricht« (Gnilka, 186), die das Gleichnis als genuin jesuanisch ausweist. Eben darin wird die (damalige) Alltagserfahrung von Aussaat und Ernte zu einem Gleichnis für das Reich Gottes, dass aus einem kleinen Saatkorn ganz von selbst große, reiche Frucht erwächst. Der »richtige« Kontext, in dem das Gleichnis zu lesen ist, ist darum das Zentrum der Predigt Jesu selbst: »Die Zeit ist erfüllt und das Reich Gottes ist nahe herbeigekommen.« (Mk 1,15) Genau darum geht es auch im Gleichniskapitel Mk 4: »Euch ist das Geheimnis des Reiches Gottes gegeben; denen draußen aber widerfährt es alles in Gleichnissen.« (Mk 4,11)

Vor diesem Hintergrund wird auch das Bild von der Sichel (V. 29), das Jesus von Joel übernimmt, von einem Gerichtswort (Joel 3,13; vgl. auch Offb 14,15 f.) zu einem Jubelruf: Die Frucht erlaubt es – und »sofort« schickt er (sc. der Mensch) die Sichel, denn die Ernte ist da!

Weg zur Predigt

Der Respekt vor dem Gleichnis – oder genauer: davor, das Gleichnis zu predigen – ist durch die Exegese und die Beschäftigung mit der Literatur nur noch größer geworden. So finde ich in den verschiedenen Predigthilfen eine starke Tendenz, das Tun des Menschen in dem Motiv des »Säens« möglichst stark zu machen. Diese Sichtweise weicht aber m. E. einerseits Jesu radikalen Verweis auf das Vertrauen in Gott auf und verlegt andererseits die Spannung vom irdischen Handeln des Menschen und eschatologischen Handeln Gottes *am* Menschen in die ganz immanente Sphäre der Frage nach Aktivität und Passivität. Ich teile den Einwand E. Jüngels gegen solche Auslegungen: »Damit ist dem Verständnis, als handle es sich im Gleichnis um einen Wachstumsprozeß der Gottesherrschaft, gewehrt.« (Jüngel, 149)

Gerade dieser Aspekt des Wachsens als Index des Reiches Gottes *wie* als ein Grundindex des Lebens, der so gar nichts mit unserem Begriff etwa des »Wirtschaftswachstums« oder »Wachsen gegen den Trend« zu tun hat, begegnet mir im Gleichnis vom Sämann.

Das zweite Problem, das ich damit habe, das Gleichnis zu predigen, ist durch das eben Gesagte schon mitgenannt worden. Es ist das Problem der Eschatologie. Wie beziehe ich Zeit und Ewigkeit, Handeln des Menschen und Handeln Gottes aufeinander, ohne sie gegeneinander auszuspielen?

Hier ist mir das Bild von Vincent van Gogh »Der Sämann bei untergehender Sonne« zu Hilfe gekommen. In der Komposition des Bildes sehe ich Himmel und Erde, Aussaat und Ernte, Werden und Vergehen, Zeit und Ewigkeit gerade in ihrer Komplementarität als *ein* Ganzes zum Ausdruck gebracht.

Meine Predigt wird sich also in weitem Maße als Bildbetrachtung vollziehen.

Predigtthema

Unser Leben ist der Samen, in dem das Reich Gottes zur Frucht heranwächst. Dieses Wachstum ist unverfügbar. Im Vertrauen auf Gott erfahren wir die Freiheit, uns auf dieses unverfügbare Wachsen einzulassen.

Vorschläge zur Liturgie

Psalm: Ps 119,89–92.103–105.116 (EG.E 100) – nicht EG.E 99 oder EG 748

Lesungen: AT: Jes 55,8–12a

Als Evangeliumstext würde ich den Predigttext Mk 4,26–29 lesen. Wenn das vorgesehene Evangelium des Sonntags – Lk 8,4–8(9–15) – gelesen werden soll, würde ich den Predigttext direkt vor der Predigt verlesen.

Lieder: EG 361 Befiehl du deine Wege; EG 369 Wer nur den lieben Gott lässt walten; EG 378 Es mag sein, dass alles fällt; EG 98 Korn, das in die Erde; Meine Hoffnung und meine Freude (Taizé)

Vorschlag zur Predigt

Möglicher Anfang

Der Sämann hat kein Gesicht. Das fällt mir zuerst auf, wenn ich van Goghs Bild vom »Sämann vor untergehender Sonne« betrachte.

Stattdessen bildet die kreisrunde Sonne mit ihrem gelb-goldenen Strahlen, das den gesamten Himmel erfüllt, eine Art Heiligenschein über diesem gesichtslosen Menschen.

»Das Reich Gottes ist wie ein Mensch, der Samen auf die Erde wirft ...«
Ist der gesichtslose Mensch van Goghs ein Verweis auf Christus, den er sich sonst nie zu malen getraute?

Oder ist es irgendein Mensch ... *jeder* Mensch, der in diesem heiligen Schein das Feld bestellt?

Zum weiteren Verlauf

»Das Reich Gottes ist wie ein Mensch, der Samen auf die Erde wirft ...«
Es sind die Hände, die van Goghs Sämann Charakter verleihen. Starke, kräftige Hände, jeder einzelne Finger konturiert gezeichnet. Die Linke hält das grüne Gewand gerafft zusammen, die Rechte wirft den Samen aufs Feld.

Van Gogh schrieb einmal an seinen Bruder Theo: »Man erwartet nicht, vom Leben etwas zu bekommen, von dem man schon gelernt hat, dass es das nicht geben kann. Vielmehr beginnen wir nach und nach, das Leben als eine Zeit des Säens zu verstehen – und die Ernte ist noch nicht da.«

Jesus drückt es in seinem Gleichnis so aus: Der Mensch sät. Er schläft und wacht auf, geht wieder schlafen und erwacht erneut.

Der Samen unterdessen wächst. Von allein. Der Mensch weiß nicht wie. Der Samen wächst. Zuerst der Halm, dann die Ähre und schließlich der volle Weizen in der Ähre. Der Mensch schläft. Und er wacht auf. Der Samen wächst. Ganz von selbst. Der Mensch weiß nicht wie. Bis die Frucht selbst zur Ernte ruft. Dann schickt der Mensch die Sichel. Denn die Ernte ist da.

Fragen wir nicht, ob der Mensch, von dem Jesus redet, vielleicht Gott ist oder Christus. Fragen wir nicht, wofür der Samen in dem Gleichnis steht, die Erde oder die Ernte. Jesus erzählt keine Allegorie. Jesu Erzählung ist auch keine Metapher für unser Leben. Es ist ein Gleichnis für das Reich Gottes!

Lassen wir es doch so vor uns stehen, wie Jesus es erzählt, und betrachten wir es, wie wir etwa das Bild van Goghs betrachten. Lassen wir es auf uns wirken – in seiner Kürze, seiner Dichte, in seiner Anstößigkeit. Denn ist es nicht anstößig für uns – zumindest für den modernen Menschen in uns –, dass wir etwas beginnen – säen – und mit dem, was daraus wird, gar nichts mehr zu tun haben? Was wir säen, wächst. Und wir wissen nicht, wie.

Dieser Begriff von Wachstum, der so zentral ist für Jesu Beschreibung des Reiches Gottes, ist uns sehr fremd geworden.

Wenn wir Wein säen, kultivieren wir ihn.

Wenn wir Kinder bekommen, erziehen wir sie.

Unsere tägliche Arbeit protokollieren wir, evaluieren wir, korrigieren wir, evaluieren wir wieder und optimieren sie so.

Warum aber sollte es anstößig sein, wenn Jesus gegen diese Dynamik Einspruch erhebt? Ich kann mir vorstellen, dass viele von uns diesen Einspruch als wohltuend empfinden, sogar befreiend.

Vielleicht. In Maßen. Aber Jesus spricht nicht maßvoll. Er spricht nicht von unserer Lebensführung. Er spricht vom Reich Gottes. Also von dem Sinn und Ziel unserer ganzen Existenz. Von dem, was die Philosoph:innen Glück nennen und die Theolog:innen Seligkeit. Von der Beziehung, in der zur Vollendung kommt, wozu wir bestimmt sind. Und Jesus sagt: Unser Leben – das ist der Same. Er wächst, ohne dass wir etwas dazu tun. Er wächst und wir wissen nicht, wie. Und irgendwann wird die Ernte kommen.

Hören wir das als ein befreiendes Wort? Oder empfinden wir es als einen Angriff auf unser Selbstbild als selbstbestimmte Wesen? Vielleicht beides.

Eine mögliche »Lösung« könnte sein, beides – unser Leben und das Reich Gottes – nicht gegeneinander auszuspielen.

Aber wie geht das? – Ich betrachte wieder van Goghs Bild vom Sämann. Das Bild ist durch die waagerechte Linie des Horizonts in zwei gleich große Hälften geteilt. Der Himmel ist überwiegend gelb gehalten, die untere Hälfte blau. Zwei komplementäre Farben. Ebenso sind die violetten und grünen Töne, die in Feld, Fluss, Himmel und Sämann erscheinen, komplementär. Der Mensch sät, doch erscheint er in einer Herbstlandschaft. Himmel und Erde, Aussaat und Ernte – erst in ihrer Komplementarität ergeben sie das ganze Bild.

Diagonal durchzogen wird es von einem Baum, der in recht kargem Laub steht. Er erinnert uns – in zentraler Position – an die Ambivalenz unserer Existenz: unsere Lebendigkeit und unsere Vergänglichkeit.

Unser Leben ist ein Wachsen und ein Vergehen. Ein Wachsen jenseits unserer Machbarkeitsvorstellungen, ein Vergehen diesseits unserer Verlustängste.

Ein Leben, so sagt es Jesus jedenfalls mir durch sein Gleichnis, das nur im Vertrauen Gottes seine volle Frucht tragen wird.

Möglicher Schluss

Ich blicke noch einmal auf die Hände des Sämanns in van Goghs Bild. Diese kräftigen, charakterstarken Hände. Ich halte meine eigenen Hände geöffnet vor mich und schaue sie an. Es sind nicht die Hände eines Feldarbeiters. Und doch stehen auch sie für das, was ich in meinem Leben tue, meine Mühen, meine Sorgen, meine Leistungen. Für alles, was ich in meinem Leben erreichen und ergreifen will – ja, greifen und zu fassen kriegen will. Unwillkürlich schließen sich meine Hände in dieser Greifbewegung. Ich blicke auf zwei zu Fäusten geballte Hände. Ich zwinge mich, sie wieder zu öffnen. Zwei offene Handflächen – bereit zu empfangen.

Gestaltungsidee

Vincent van Goghs Bild »Der Sämann bei untergehender Sonne« sollte projiziert oder auf andere Weise gezeigt werden. Sollte das aus technischen bzw. räumlichen Gründen nicht möglich sein, empfehle ich kleine Karten mit dem Bild auszudrucken. In dem Fall könnte man zusätzlich ein Motto auf die Rückseite drucken wie: »Gottes Reich wächst« oder »Du wächst Gott entgegen« o. Ä.

Van Goghs Sämann finden Sie im Internet z. B. unter https://www.van goghmuseum.nl/en/collection/s0029V1962 oder
https://www.kunstkopie.de/kunst/vincent_van_gogh/saemann_at_sit ting.jpg

Literatur:

Beavis, M. A., Mark (paideia), Grand Rapid 2011

Gnilka, J., Das Evangelium nach Markus. 1. Teilband: Mk 1–8,26 (EKK II/1), 3. Aufl., Zürich, Braunschweig, Neukirchen-Vluyn 1989

Jüngel, E., Paulus und Jesus. Eine Untersuchung zur Präzisierung der Frage nach dem Ursprung der Christologie, 2. Aufl., Tübingen 1964

Autorinnen und Autoren

Pfarrer Götz **Brakel**, Stade
Oberlandeskirchenrätin Claudia **Brinkmann-Weiss**, Hanau
Pfarrer Mathis **Burfien**, Hannover
Pfarrer Joachim **Deterding**, Oberhausen
Pfarrer Florian **Gärtner**, Mutterstadt
Pfarrer Lutz **Gräber**, Luhden
Pfarrerin i. R. Martina **Gutzler**, Pirmasens
Superintendent Hans-Jürgen **Kant**, Halle (Saale)
Pfarrerin Reinhild **Koring**, Langballig
Pfarrerin Julia **Neuschwander**, Oldenburg
Pfarrerin Bettina **Schwietering-Evers**, Berlin
Pfarrer Olaf **Trenn**, Berlin
Pfarrer Oliver **Wegscheider**, Berlin
Pfarrerin Dr. Sigrun **Welke-Holtmann**, Homburg
Pfarrerin Angelika **Wiesel**, Hannover
Pfarrerin Dr. Vera-Sabine **Winkler**, Gorxheimertal
Pfarrerin Sylvia **Winterberg**, Neu-Bamberg
Kirchenpräsidentin Dorothee **Wüst**, Speyer